F. Richter · J. Wolf · S. Haubold · U. Fredersdorf

Russisch für Wirtschaft und Handel

mit handelsspezifischem Wörterverzeichnis

Friedrich Richter
Julia Wolf
Sylke Haubold
Ute Fredersdorf

Russisch für Wirtschaft und Handel

mit handelsspezifischem
Wörterverzeichnis

LOGOphon

LOGOPHON LEHRMITTEL-VERLAG

Friedrich Richter · Julia Wolf · Sylke Haubold · Ute Fredersdorf

Russisch für Wirtschaft und Handel

ISBN 3-922514-64-2

1. Auflage 1998

Lektorat: Stella Seifert (Wiebaden), Gabriele Schaub (Mainz)
Verlagsherstellung: Gabriele Schaub
Umschlaggestaltung und Zeichnungen: Hsiang-Shan Kung-Scherer
Fotos Seite 38: Dieter Schaub, Patersberg
Landkarte: mit freundlicher Genehmigung
des Wilhelm Heyne Verlages GmbH & Co KG, München,
aus: Stichwort: GUS - Völker und Staaten (19/4002)
Satz: Rheingold-Satz, Flörsheim-Dalsheim
Druck und Verarbeitung: Druckhaus Beltz, Weinheim

Vorwort

Die wirtschaftliche Öffnung des osteuropäischen Marktes führt zu einer zunehmenden Beteiligung deutscher Unternehmen an der wirtschaftlichen Entwicklung Rußlands und anderer GUS-Staaten.

Das Russische bleibt in diesem Zusammenhang auf lange Zeit das Hauptkommunikationsmittel.

Das Lehrbuch *Russisch für Wirtschaft und Handel* führt in die moderne russische Handelssprache ein und ist für Schüler und Studenten mit guten Grundkenntnissen bestimmt.

Am Beispiel eines fiktiven deutschen Firmenvertreters, Dipl.-Ing. Grimm, und seines russischen Geschäftspartners, Herrn Komarow, werden alle wichtigen Phasen eines Import-Export-Geschäftes von der ersten Kontaktaufnahme an durchgespielt.

Die acht Themenkomplexe des Lehrbuches (s. Inhaltsverzeichnis) bieten jeweils

- einen oder mehrere Einführungstexte mit Lexikdarbietungen
- die Behandlung von Grammatikthemen mit Wiederholungs- und Erweiterungsübungen
- vielfältige Übungen zur Anwendung und Festigung des neu erworbenen Wortschatzes, Steigerung der Sprechfertigkeit und Übungen zum schriftlichen Ausdruck beim Verfassen eigener Texte.

Wegen der zahlreichen Musterbriefe eignet sich der Band auch als zuverlässiges Nachschlagewerk. Die Betonungszeichen in den einleitenden Texten der Kapitel sind als Lesehilfen gedacht.

Im Anhang finden sich wichtige Übersichten wie beispielsweise des russische Alphabet, die wichtigsten Währungen des Weltmarktes, Maßeinheiten, Abkürzungen und Buchstabiertafeln für Telefonate. Das Lehrbuch wird durch ein übersichtliches alphabetisches Wörterverzeichnis ergänzt, in dem der gesamte in Texten und Übungen enthaltene Wortschatz verzeichnet ist.

Das Autorenteam dankt allen, die durch Tips und Anregungen zum Gelingen des Buches beigetragen haben. Außerdem gilt der Dank den Herren Mai/Freiberg und Jouteux/Mainz für die bei der Vorbereitung des Projektes geleistete Hilfe.

Kritische Anmerkungen und Anregungen schicken Sie bitte an den Verlag.

Inhaltsverzeichnis

1 Первые контакты

Разреши́те предста́виться ...

1 – Прочитайте и переведите следующий текст.

Меня́ зову́т Ма́ртин Гримм. Мне 35 (три́дцать пять) лет. По специа́льности я инжене́р-электро́нщик, рабо́таю в отде́ле э́кспорта и занима́юсь марке́тингом.

Я жена́т. Мою́ жену́ зову́т Ка́рин, ей 34 (три́дцать четы́ре) го́да. Она́ рабо́тает в шко́ле учи́тельницей уже́ 7 (семь) лет.

У нас дво́е дете́й. Мы живём в дере́вне, недалеко́ от го́рода Фра́нкфурт на Ма́йне, где и нахо́дится моя́ фи́рма.

На́ша фи́рма занима́ется произво́дством электро́нной те́хники.

В тече́ние мно́гих лет мы сотру́дничаем с хорошо́ изве́стными фи́рмами. В на́шем распоряже́нии складски́е помеще́ния, погру́зочный тра́нспорт и техни́ческий обслу́живающий персона́л.

Неда́вно на вы́ставке, у сте́нда на́шей фи́рмы, я познако́мился с представи́телем фи́рмы »ЭЛЕКТРО́НИКА« из СНГ, точне́е из Росси́и. Господи́н Комаро́в из Москвы́ был восхищён на́шей проду́кцией и заинтересо́ван в деловы́х конта́ктах с на́ми.

Но́вый восто́чный ры́нок интересу́ет и мно́гих предпринима́телей на За́паде.

2 – Выучите новые слова.

специа́льность по специа́льности я инжене́р-электро́нщик	spezielle berufliche Tätigkeit, Fachkenntnisse
профе́ссия	Beruf
по профе́ссии по профе́ссии я учи́тель	von Beruf
занима́ться чем (марке́тингом, произво́дством)	sich beschäftigen

быть в распоряжéнии	zur Verfügung stehen
складскѝе помещéния	Lagerhallen
погрýзочный трáнспорт	Hubwagen
обслýживать/обслужѝть	bedienen
обслýживание	
обслýживающий персонáл	Bedienungspersonal
восхищáться/восхитѝться	begeistert sein, sich begeistern (für)
восхищённый, восхищéние	
предпринимáтель	Unternehmer

3 – Запомните!

1 год	*2 гóда*	*5 лет*
	3 гóда	
	4 гóда	
41 год	*42 гóда*	*45 лет*
	43 гóда	
	44 гóда	
мне 20 лет	*нам 20 лет*	*ich bin/wir sind*
тебé 20 лет	*вам 20 лет*	*du bist/ihr seid*
емý 20 лет	*им 20 лет*	*er ist/sie ist/sie sind*
ей 20 лет		*. . . 20 Jahre alt*

Упражнения 2

1 – Прочитайте текст – Ответьте на вопросы.

Как зовýт представѝтеля немéцкой фѝрмы?
Скóлько емý лет?
Кто он по специáльности?
Где он рабóтает?
Женáт ли господѝн Гримм?
Кто егó женá?
Как её зовýт?
Скóлько ей лет?
Где онá рабóтает?
У семьѝ Гримм есть дéти?
Чем занимáется фѝрма, в котóрой рабóтает господѝн Гримм?

2 – Расскажите о себе.

Как Вас зову́т?
Где Вы живёте?
Ско́лько Вам лет?
Вы жена́ты? / Вы за́мужем?
У Вас есть де́ти?
Как зову́т Ва́шего сы́на / Ва́шу дочь?
Кто вы по профе́ссии?
Вы лю́бите свою́ рабо́ту?

Обратите внимание:
Вы жена́ты – gilt für Männer
Вы за́мужем – gilt für Frauen

3 – Найдите соответствия.

На́ша фи́рма	работаю в отде́ле э́кспорта.
Господи́н Комаро́в	экспорти́рует на́шу проду́кцию во мно́гие стра́ны ми́ра.
Я	нахо́дится недалеко́ от Берли́на.
Моя́ дере́вня	был восхищён проду́кцией.
Господи́н Гримм	занима́ется произво́дством электро́нной проду́кции.
Мы	познако́мились с колле́гой из СНГ.
Представи́тели фи́рмы	получи́ли но́вый катало́г.

4 – Вставьте вместо точек слова »год, года, лет«.

1. Я рабо́таю в э́той фи́рме четы́ре . . .
2. Мы экспорти́руем э́ту проду́кцию уже́ 25 . . .
3. Он учи́лся в университе́те пять . . .
4. Э́тот контра́кт заключа́ется на три . . .
5. Ско́лько . . . рабо́тали учёные над э́той моде́лью?
6. Ско́лько Вам . . .?
7. Мне три́дцать три . . .

При сотрудничестве с представителями русских фирм Вам часто придётся сталкиваться с русскими фамилиями, именами и отчествами.

3

Прочтите следующие визитные карточки и скажите

- как зовут представителя фирмы?
- кем он работает на фирме?
- где находится фирма?

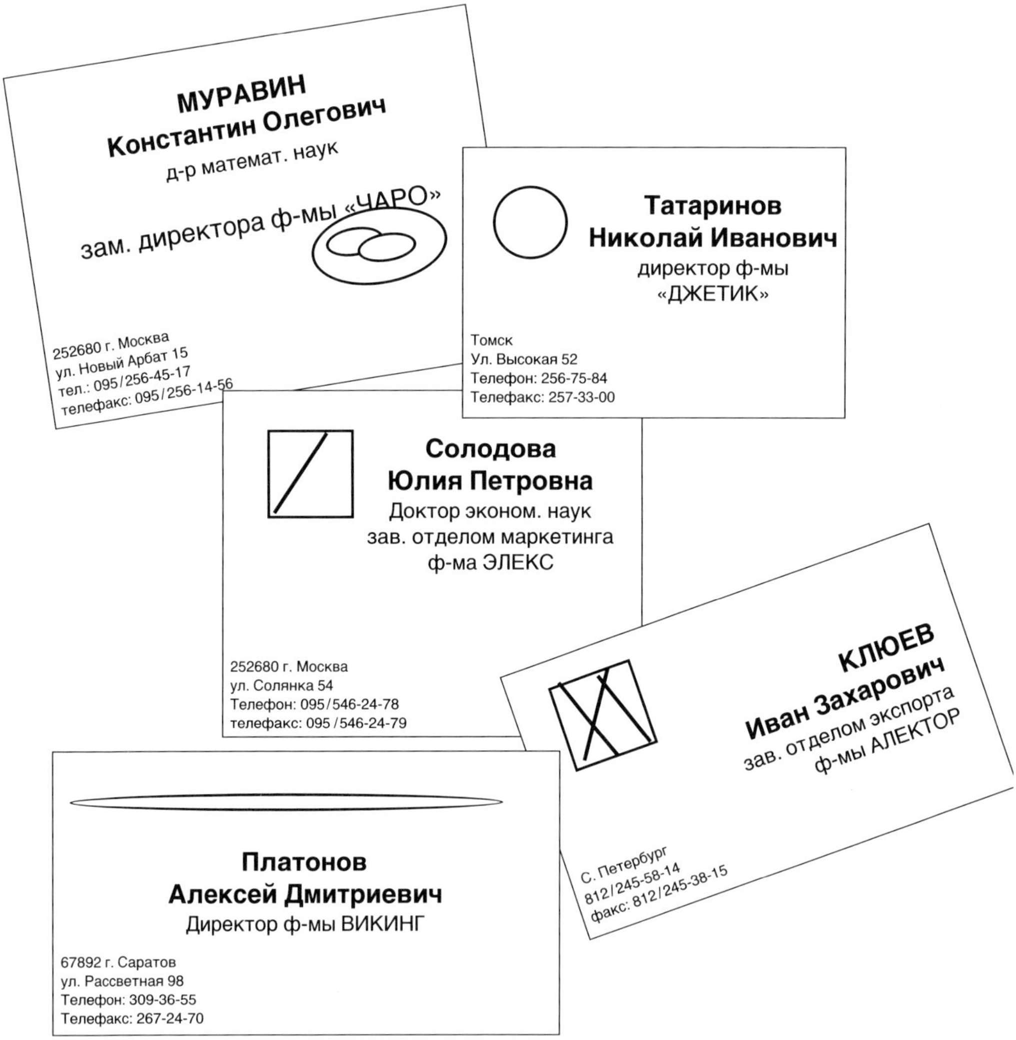

Грамматика

1 – Образуйте предложения со следующими русскими фамилиями.

Не забудьте при этом склонять их. Пользуйтесь таблицей в конце учебника.

Пример:

На выставке я познакомился с . . . (Иванов Пётр Иванович).
На выставке я познакомился с Ивановым Петром Ивановичем.

1. Я получил телекс от господина . . . (Сорокин Илья Петрович)
2. Мы разговариваем по телефону с госпожой . . .
(Петрова Галина Семёновна)
3. Этот телекс подписал господин
(Аркадьев Олег Александрович)
4. Попросите пожалуйста к телефону господина
(Ильин Сергей Михайлович)
5. Разрешите Вам представить господина . . .
(Комаров Дмитрий Васильевич)
6. Наша фирма хорошо знает господина . . .
(Коломейцев Григорий Степанович)
7. Госпожа ... открыла счёт в банке. (Зайцева Ирина Степанова)

2 – Представьте себе, что Вы ведёте телефонный разговор с представителем одной русской фирмы. Ваш русский коллега не понимает некоторые сказанные Вами слова. Назовите ему следующие слова по буквам, пользуйтесь при этом специальной таблицей в конце учебника.

Хемниц
Ганновер
Нордхаузен
Йена
Брюссель
Одесса
Нюрнберг
Мюнхен
ассортимент
рентабельный
универсальный
премьера
маркетинг
сервис
специальный
инфраструктура
Гамбург
Лейпциг
Иннсбрук.

4

Что такое фирма?

1 – Прочитайте и переведите следующий текст.

Под фи́рмой понима́ется предприя́тие, осуществля́ющее хозя́йственную де́ятельность с це́лью извлече́ния при́были.

Выступа́ющие на мирово́м ры́нке фи́рмы различа́ются по ви́ду хозя́йственной де́ятельности и хара́ктеру соверша́емых опера́ций, по правово́му положе́нию, хара́ктеру со́бственности, принадле́жности капита́ла и контро́лю, объёму опера́ций.

По ви́ду хозя́йственной де́ятельности и хара́ктеру соверша́емых опера́ций фи́рмы-контраге́нты (партнёры) мо́гут быть промы́шленными, торго́выми, тра́нспортными, страховы́ми, инжини́ринговыми, тури́стскими и др.

По правово́му положе́нию фи́рмы, как пра́вило, явля́ются акционе́рными компа́ниями и́ли о́бществами с ограни́ченной отве́тственностью.

По хара́ктеру со́бственности различа́ют ча́стные, госуда́рственные и кооперати́вные фи́рмы, а по принадле́жности капита́ла и контро́лю – национа́льные, иностра́нные и сме́шанные фи́рмы.

Изуче́ние фирм, рабо́тающих на определённом ры́нке, скла́дывается из сбо́ра информа́ции о фи́рме и систематиза́ции све́дений в определённом поря́дке. Для получе́ния интересу́ющей информа́ции контраге́нты испо́льзуют все возмо́жные спо́собы и исто́чники, до́ступ к кото́рым мо́жно получи́ть че́рез сложи́вшуюся на мирово́м ры́нке систе́му. Э́то явля́ется обы́чным в пра́ктике любо́й фи́рмы, уча́ствующей в междунаро́дной торго́вле.

2 – Выучите новые слова и выражения.

де́ятельность	Tätigkeit
извлече́ние при́были	Gewinnerzielung
правово́е положе́ние	Rechtsstatus
фо́рма/хара́ктер со́бственности	Eigentumsverhältnisse

принадле́жность капита́ла	Kapitalzugehörigkeit
контраге́нт	Kontrahent, Vertragspartner
фи́рма-контраге́нт	Handelspartner
фи́рма, промышленная	Industrieunternehmen
фи́рма, торго́вая	Handelsfirma
фи́рма, тра́нспортная	Transportunternehmen
фи́рма, страхова́я	Versicherungsunternehmen
фи́рма, инжини́ринговая	Ingenieurbüro; Engineeringfirma
фи́рма, национа́льная	nationale Firma
фи́рма, иностра́нная	ausländische Firma
фи́рма, сме́шанная	Joint Venture
совме́стное предприя́тие	Joint Venture
акционе́рная компа́ния/ акционе́рное о́бщество	Aktiengesellschaft
о́бщество с ограни́ченной отве́тственностью	Gesellschaft mit beschränkter Haftung (GmbH)
сбор информа́ции	Informationserfassung

3 – Вопросы к тексту.

1. Что такое фирма?
2. По каким критериям различают фирмы, выступающие на мировом рынке?
3. Как Вы понимаете слово »контрагент«?
4. Назовите несколько типов фирм по их хозяйственной деятельности.
5. Какими могут быть фирмы по своему правовому положению?
6. Как различают фирмы по характеру их собственности?
7. Назовите три типа фирм по принадлежности капитала.
8. Как можно получить информацию о фирмах-контрагентах?
9. Зачем нужна такая информация?

4 – Скажите по-русски на какой фирме Вы работаете.

Дайте характеристику фирме по указанным в тексте критериям.

5 – Систематизируйте Ваш запас слов по теме »фирма«.

Дополните схему (mind map) уже знакомыми Вам словами, логически группируя их вокруг данных понятий.

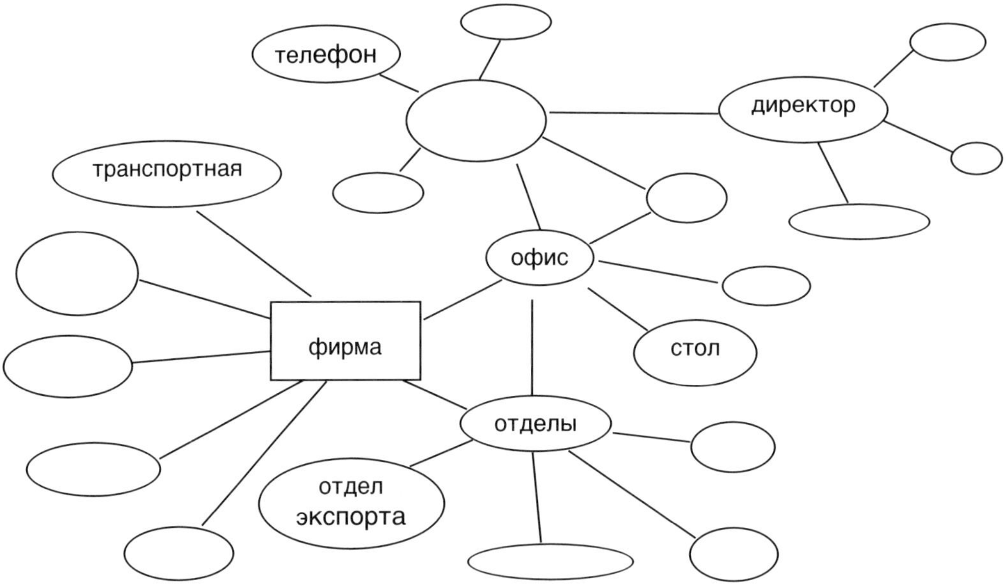

6. Прочитайте следующие анонсы из русских газет и скажите по-русски о каких фирмах идёт речь, их адрес, телефон, телефакс, чем они занимаются.

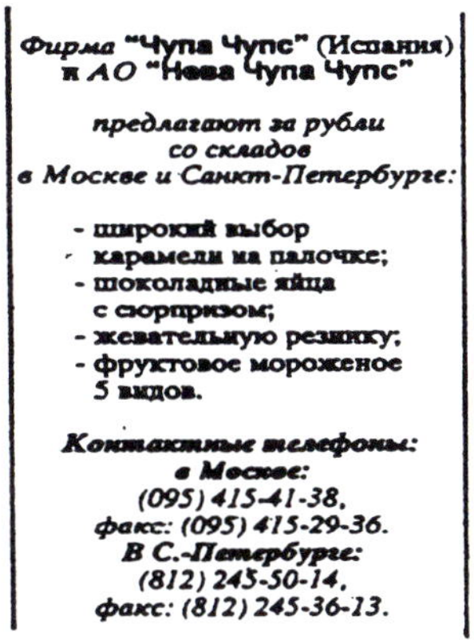

5

1 – Сокращения в деловой переписке.

Из соображений практического удобства возникли различные сокращения длинных названий, которые проникли и в деловую документацию.

Сокращения образуются:

1. по первым буквам названия учреждений:
   МГУ - Московский государственный университет
   ГУМ - Государственный универсальный магазин
2. по начальным слогам слов, входящих в сложные наименования,
   например: главбух - главный бухгалтер
3. соединением одного или двух начальных слогов первого слова с полным вторым словом,
   например: жилотдел, асбестотрест, капремонт.

Это так называемые сложносокращённые слова.

2 – Упражнение.

Прочитайте сокращённые названия некоторых банков и внешнеторговых организаций СНГ. Попробуйте определить из каких начальных слогов или полных слов они состоят и чем эти фирмы занимаются.

»Аэрофлот«
ВАО »Интурист«
»Сувенирэкспорт«
»Ювелирпром«
»Интертрансторгсервис«
»Техносерв«
АО »Газпром«
»Минтопэнерго«
ПО »Татнефть«
»Мосстройбанк«
»Оргбанк«
»Россельхозбанк«
ф-ма »Союзпушнина«
ПО »Росремстрой«
ВАО »Зарубежэкономсервис«
»Мебельинторг«

3 – Запомните сокращения!

Мос – Московский
Рос – Российский
Интер – Международный
-серв – сервис
-пром – промышленность
-рем – ремонтный
Мин – министерство
-топ – топливный
-ин – иностранный
-торг – торговля
АО – Акционерное общество
ВАО – Внешнеэкономическое АО
ПО – производственное объединение

4 – В одном из выставочных каталогов Вы читаете анонсы некоторых иностранных фирм на русском языке. Скажите на Вашем родном языке, на чём специализируется данная фирма, какую страну она представляет и где она находится.

WAKO

ВАКО КОЕКИ КО., ЛТД., Токио, Япония
WAKO KOEKI CO., LTD.
Kyoei Bldg., 6-1, Hachobori, 1-chome, Chuo-ku, **Tokyo,** Japan
Телефон 03-552-8241 Телекс J22215 WAKOCO

1. Новейшие лазерные анализаторы зернистости модели PRO-7000
2. Микрофотометрические седиментографы модели SKC-2000S
3. Робот-устройства для рассева модели RSP-75
4. Мельницы для лаборатории Ко-Жет системы альфа, фирмы «СЭИСИН ЭНТЕРПРАЙЗ КО., ЛТД.»
5. Фото-панель «Термоанализаторы» фирмы «СИНКУ-РИКО».

comef s.a.

КОМЕФ С.А., Сен-Клу, Франция

КОМЕФ С.А., 117049, Москва, ул. Мытная, 1, помещение 24
Телефон: 230.00.22 - 230.00.33 - 230.00.44 Телекс 413 046

COMEF S.A., 114 Les bureaux de la Colline, **F-92213 Saint-Cloud,** France
☎ 33-1-46 02 07 55 Tx 200874 F

На выставке демонстрируются экспонаты фирмы ЖОБЕН-ИВОН:

- микрозонды «Крот Романор» U-100,
- управляемые с помощью ЭВМ ICP-спектрометры для последовательного анализа JY 38 Plus,
- ICP-спектрометр для анализа жидкостей JY 70P.

ION TECH

АЙОН ТЕК ЛИМИТЕД, Теддингтон, Великобритания
ION TECH LIMITED
2, Park Street, **Teddington, Middlesex. TW11 0LT,** Great Britain
☎ (01) 977 82 75 Tx 928298 iontec g FAX (01) 977 99 50
Технически передовое оборудование для приготовления образцов к просвечивающей электронной микроскопии, растровой электронной микроскопии и просвечивающей растровой электронной микроскопии новейшими методами полирования, травления, утончения и нанесения покрытия.
На стенде фирмы О-ЭМ-СИ

ARVELIN OY

А/О АРВЕЛИН, Хельсинки, Финляндия
ARVELIN OY, Kulosaarentie 10, **SF-00570 Helsinki 57,** Finland
☎ (0) 68 71 99 Tx 125163 arve sf Telecopy: (0) 687 730
А/О «Арвелин» планирует, организует и проводит международные и национальные выставки, а также консультирует фирмы и организации по вопросам устройства и участия в выставочных мероприятиях.

1 – Господин Гримм получил из Москвы следующее письмо. Прочитайте внимательно текст письма. 6

Г-ну М. Гримму — Москва, 16. 07. . .
АО »Интерэлекс«
Моцартплатц 15
60322 Франкфурт на Майне
Федеративная Республика Германии

Уважаемый господин Гримм!

С большим удовольствием вспоминаю наше знакомство на выставке и совместные планы по сотрудничеству наших фирм.

Я проинформировал руководство нашей фирмы о производимой Вами продукции. Мы были бы заинтересованы включить её в нашу торговую программу. Кроме того, мы хотели бы получить от Вас подробную информацию и каталог.

Очень рад, что, согласно Вашему телефаксу, Вы сможете в ближайшее время приехать в Москву на переговоры.

Эта встреча позволит нам обсудить вопросы, представляющие взаимный интерес, и изучить возможности дальнейшего развития наших деловых отношений.

С уважением

Руководитель отдела маркетинга — Комаров Д. В.

2 – Выучите новые слова и выражения:

с большим удовольствием	»mit großem Vergnügen«, gern
информировать/проинформировать	informieren
производить/произвести	herstellen
произведённый, производство	Produktion, Herstellung; Produktionsprozeß; Betrieb, Produktionsstätte
быть заинтересованным в чём	interessiert sein an
я заинтересован в покупке	
я заинтересован купить	
деловой контакт	Geschäftskontakt
деловые отношения	Geschäftsbeziehungen
подробная информация	ausführliche Information
обсуждать/обсудить вопросы	Fragen besprechen
обсуждённый, обсуждение	
взаимный интерес	gegenseitiges Interesse
возможности дальнейшего развития	Möglichkeiten der weiteren Entwicklung

3 – Запомните!

уважение	– *Achtung*
с уважением	– *hochachtungsvoll*
уважаемый	– *sehr geehrter*

4 – Прочитайте письмо фирмы »Электроника« ещё раз и решите, правильны ли следующие утверждения – »да« или »нет«. Заполните таблицу.

1. Сотрудник российской фирмы познакомился с представителем немецкой фирмы через анонс в газете. ☐ да ☐ нет
2. Фирма СНГ заинтересована в продукции немецкой фирмы. ☐ да ☐ нет
3. Русский партнёр получил подробную информацию и каталог из Германии и благодарит за это. ☐ да ☐ нет

4. Господи́н Комаро́в рад ско́рому визи́ту господи́на Гри́мма в Москву́. ☐ да ☐ нет
5. Встре́ча в Москве́ позво́лит ознако́миться с достопримеча́тельностями го́рода и провести́ перегово́ры с заключи́тельным банке́том. ☐ да ☐ нет

5 – Найдите соответствия и образуйте предложения.

Я	производит продукцию.
Мы	звоню в Москву.
Он	заинтересованы в продукции.
Вы	проинформировали нас.
Сотрудники фирмы	восхищён продукцией.
Секретарь директора	сообщила дату встречи.
Фирма СНГ	организуете эту встречу.

6 – Заполните пропуски в этом письме. Используйте при этом данные внизу слова.

Уважаемые господа!

Пожалуйста, ... нам подробности о Ваших ....
или пришлите .... производимой Вами ....

Мы очень .... в поставке и установлении деловых .... с Вашей ....

С большим интересом ждём Вашего ....

сообщить, товары, каталог, фирма, ответ, заинтересованы, отношения, продукция

Первое знакомство с СНГ

7

При подгото́вке к свое́й пое́здке в Москву́ господи́н М. Гримм чита́ет разную информа́цию об СНГ.

Прочита́йте и Вы этот текст, испо́льзуя слова́, да́нные внизу́.

В 1991 году́ Сове́тский Сою́з *распа́лся*[1] и образова́лось Содру́жество Незави́симых Госуда́рств *(СНГ)*.[2]

В соста́в СНГ вхо́дят 12 респу́блик:

Росси́йская Федера́ция (столи́ца Москва́),
Украи́на (столи́ца Ки́ев),
Белару́сь (столи́ца Минск),
Молдо́ва (столи́ца Кишинёв) располо́жены на за́паде;
Арме́ния (столи́ца Ерева́н),
Азербайджа́н (столи́ца Баку́) – на юге;
Казахста́н (столи́ца Акмо́ла) – в Центра́льной А́зии и
Грузия (столи́ца Тбили́си);
4 среднеазиа́тские респу́блики:
Кыргыста́н (столи́ца Бишке́к),
Туркмениста́н (столи́ца Ашхаба́д),
Узбекиста́н (столи́ца Ташке́нт),
Таджикиста́н (столи́ца Душанбе́).

Три прибалти́йские респу́блики Эсто́ния, Ла́твия и Литва́ *не вошли́ в соста́в*[3] СНГ, образова́в та́кже самостоя́тельные госуда́рства.

Отхо́д от социали́зма *повлёк за собо́й*[4] и перестро́йку экономи́ческих структу́р, кото́рые *напра́влены*[5] на перехо́д к свобо́дному *ры́ночному хозя́йству*[6], либерализа́цию цен, на *приватиза́цию*[7]

[1] fiel auseinander
[2] GUS
[3] haben sich nicht angeschlossen
[4] zog nach sich
[5] sind gerichtet
[6] freie Marktwirtschaft
[7] Privatisierung

госуда́рственных предприя́тий и на *перехо́д*[8] к *ча́стной предпринима́тельской де́ятельности*[9]. Осуществле́ние э́тих пла́нов *сопровожда́ется*[10] социа́льным и экономи́ческим ха́осом.

Ру́сский язы́к *не потеря́л своего́ значе́ния*[11] как *делово́й и торго́вый язы́к*[12] и по-пре́жнему явля́ется официа́льным языко́м для деловы́х люде́й Росси́и и *»бли́жнего зарубе́жья«*[13].

Кли́мат тако́й обши́рной террито́рии о́чень разнообра́зен. В Сиби́ри есть места́, где зимо́й холодне́е, чем на Се́верном по́люсе, а в *пусты́нях*[14] Сре́дней А́зии ле́том жа́рче, чем у экв́атора. В пусты́не Караку́м ле́том в песке́ мо́жно *испе́чь яйцо́*[15], а в Яку́тии на сиби́рском се́вере зимо́й в термо́метре *застыва́ет ртуть*[16]. Кли́мат име́ет мно́го контра́стов, но в центра́льной ча́сти он *в це́лом*[17] уме́ренный и континента́льный: тёплое ле́то сменя́ется холодно́й зимо́й.

У зимни́х холодо́в, коне́чно, есть и *отрица́тельная*[18] сторона́: *затрудня́ется*[19] и *удорожа́ется*[20] стро́ительство, большо́го *расхо́да*[21] тре́бует отопле́ние помеще́ний зимой, *прерыва́ется*[22] речна́я навига́ция из-за *замерза́ния*[23] рек.

[8] Übergang
[9] private Unternehmertätigkeit
[10] wird begleitet
[11] hat ihre Bedeutung nicht verloren
[12] Geschäfts- und Handelssprache
[13] »nahes Ausland« (so werden die Republiken genannt, die nicht zur Russischen Förderation gehören)
[14] in den Wüsten
[15] Ei backen
[16] Quecksilber friert ein
[17] insgesamt
[18] negative
[19] wird erschwert
[20] verteuert sich
[21] Kosten
[22] wird unterbrochen
[23] Einfrieren

Приро́дные ресу́рсы[24] включа́ют в себя́ практи́чески все ви́ды *поле́зных ископа́емых*[25].

В СНГ де́йствуют религио́зные объедине́ния *ру́сской правосла́вной*[26], католи́ческой, лютера́нской, реформа́тской, це́ркви ева́нгельских христиа́н-бапти́стов, адвенти́стов 7-го дня, объедине́ния мусульма́нского, будди́йского, иуде́йского и други́х *вероиспове́даний*[27].

[24] Naturschätze
[25] Bodenschätze
[26] russisch-orthodox
[27] Konfessionen, Glaubensbekenntnisse

1 – Упражнения к тексту.

Lesen Sie zuerst den Text im ganzen.

Notieren Sie dann in russisch die Wörter oder Wortgruppen, die den roten Faden des Textes bilden.

Unterteilen Sie anschließend den Text in Absätze und finden Sie dazu passende Überschriften.

Halten Sie auf russisch einen kleinen Vortrag über die GUS.

Роль рекламы в коммерческой деятельности 2

Познакомтесь с текстом 1

Господи́н Гримм из фи́рмы »Интерэ́лекс« во Фра́нкфурте на Ма́йне с удово́льствием при́нял приглаше́ние посети́ть фи́рму »Электро́ника« в Москве́.

Во вре́мя полёта в Москву́ он чита́ет ра́зные ру́сские газе́ты и журна́лы, как наприме́р, »Изве́стия«, »Пра́вда«, »Делово́й мир«. Там и в »Коммерса́нте«, »Моско́вских новостя́х«, »Эконо́мике и жи́зни«, »Фина́нсовых изве́стиях« он встреча́ет мно́го разли́чных приме́ров рекла́мы.

SBS STEP BY STEP

По хорошей цене предлагает

компьютеры: AT 286-20, 386SX-25,33, 386DX-33,40, 486DX-33,50,66 МГц различной конфигурации.

Всегда в продаже оргтехника, телефоны, телефаксы, ксероксы и другое оборудование.

Продажа ведётся со склада в Москве. Возможны контрактные поставки и оптовые скидки.

Устанавливаем локальные вычислительные сети.

Приглашаем абонентов в коммерческую информационную сеть SBS-net.

Телефоны: 207-99-53, 208-04-79, 208-94-16.
Факс: 208-05-23. Адрес: Москва, Трубная ул. 2/3.

ОФИСНАЯ МЕБЕЛЬ
черного и других цветов
70 наименований
фирма
<<КРОКУС>>
тел. 281-85-86; факс 281-85-73
Выставочный зал в маг. <дом книги>
ул. Русаковская, 27, ст. метро <Сокольники>

C. D. V. G.
видео-, аудиокассеты
и дискеты
На оптовые партии скидка до 20%.
Возможная оптовая реализация.
Формируем региональную
дилерскую сеть.
Приглашаем коммивояжеров.
ТЕЛЕФОНЫ:
(095) 284-17-43
284-12-97

1 – В самолёте г-н Гримм получил таможенную декларацию на русском языке, которую он должен заполнить. Попробуйте сделать то же самое. Используйте при этом формуляр в конце учебника.

2 – Выучите новые слова.

рекла́ма	Werbung
наименова́ние	Bezeichnung, Benennung
предлага́ть/предложи́ть	anbieten, vorschlagen
предло́женный, предложе́ние	
разли́чный	verschieden, unterschiedlich
прода́жа	Verkauf
обору́дование	Ausrüstung, Ausstattung
склад	Lager, Speicher
контра́ктный	Vertrags-
контра́ктная поста́вка	
контра́кт	Vertrag
опто́вый	Großhandels-
опто́вая ски́дка	Großhandelsrabatt
устана́вливать/установи́ть	aufstellen, installieren, herstellen
устано́вленный, установле́ние	
вычисли́тельная сеть	Computernetz
коммивояжёр	Handelsvertreter
комплекту́ющий	ergänzend, komplettierend, Zubehör-
звукова́я пла́та	CD
распрода́жа	Ausverkauf
ро́зница	Einzelhandel
в ро́зницу	stückweise, einzeln

3 – Ответьте на следующие вопросы на основе примеров рекламы.

а) Каки́е това́ры предлага́ются?

б) Как мо́жно установи́ть конта́кты с фи́рмой, кото́рая продаёт това́р?

в) Каку́ю дополни́тельную информа́цию о фи́рме мо́жно найти́ в рекла́ме?

Прочитайте текст 2

Газе́та – э́то одна́ из возмо́жностей размести́ть свою́ рекла́му, но рекла́му мо́жно найти́ везде́. У́тром мы включа́ем ра́дио и слы́шим пе́рвые коро́ткие рекла́мные сообще́ния, по доро́ге на рабо́ту нам встреча́ются ра́зные плака́ты, афи́шы, светова́я рекла́ма. Когда́ мы прихо́дим домо́й и открыва́ем почто́вый я́щик, нам навстре́чу выпада́ют рекла́мные проспе́кты, брошю́ры, верббо́вочные пи́сьма, катало́ги и т.п. Возьмём газе́ту – из неё ча́сто выпада́ет рекла́мное приложе́ние. Вклю́чив телеви́зор, мы ви́дим рекла́мные спо́ты.

Для чего́ нужна́ рекла́ма?

В Росси́и и други́х госуда́рствах СНГ рекла́ма в пе́рвую о́чередь слу́жит информа́ции о де́ятельности и о проду́кции определённой фи́рмы. Одна́ко рекла́ма, как пра́вило, напра́влена на:

- популяриза́цию това́ра с це́лью его́ прода́жи
- формирова́ние спро́са
- ознакомле́ние потреби́телей с ка́чеством, осо́бенностями и ме́стом прода́жи това́ра
- объясне́ние возмо́жностей его́ испо́льзования.

Так как потре́бности и интере́сы потреби́телей разли́чны и стано́вятся всё бо́лее индивидуа́льными, ассортиме́нт това́ров постоя́нно расширя́ется. Таки́м о́бразом, рекла́ма помога́ет в вы́боре това́ров.

Путём постоя́нного повторе́ния мо́жно сно́ва и сно́ва напомина́ть потреби́телю о нали́чии определённого изде́лия на ры́нке и в конце́ концо́в побуди́ть его́ сде́лать поку́пку. Что́бы избежа́ть перегру́зки рекла́мными призы́вами, ка́ждый потреби́тель стара́ется восприннима́ть рекла́мную информа́цию то́лько по тем те́мам, кото́рые его́ в да́нный моме́нт интересу́ют и волну́ют.

Ва́жную роль в рекла́ме игра́ют и эмоциона́льные элеме́нты. Наприме́р, врач в бе́лом хала́те, кото́рый предлага́ет но́вый медикаме́нт, ка́жется серьёзным и наверняка́ смо́жет убеди́ть потреби́теля купи́ть э́тот проду́кт. Краси́вой, молодо́й де́вушке легко́ удаётся побуди́ть же́нщин попро́бовать но́вую косме́тику. Кто не хо́чет быть молоды́м? Тот, кто но́сит оде́жду из джи́нсовой тка́ни, сигнализи́рует, что он чу́вствует себя́ молоды́м.

Впечатле́ние, кото́рое на нас произво́дит определённое изде́лие, на́ше отноше́ние к това́ру, о кото́ром мы ещё ни́чего не зна́ем, в значи́тельной сте́пени формиру́ется под влия́нием той информа́ции, кото́рую мы получа́ем об э́том това́ре из рекла́мы.

1 – Выучите новые слова и выражения.

размеща́ть/размести́ть	unterbringen, anordnen
размещённый	
размеще́ние рекла́мы	
афи́ша	Anschlag, Aushang
навстре́чу	entgegen
выпада́ть/вы́пасть	herausfallen
выпаде́ние	
верббо́вочное письмо́	Werbebrief
рекла́мное приложе́ние	Werbebeilage
потреби́тель, -я	Verbraucher, Konsument
потребля́ть/потреби́ть	verbrauchen, konsumieren
потреблённый	
потребле́ние това́ров	Warenkonsum
потре́бность потреби́теля	Bedarf des Verbrauchers
определённый	bestimmt, festgelegt
как пра́вило	in der Regel
направля́ть/напра́вить на что	richten, lenken auf
напра́вленный, направле́ние	
спрос	Nachfrage
формирова́ть спрос	Nachfrage wecken, erzeugen
ознакомля́ть/ознако́мить кого́ с чем	bekannt, vertraut machen
ознако́мленный, ознакомле́ние	
разнообра́зный	vielfältig, verschiedenartig
ассортиме́нт това́ров	Warensortiment
расширя́ть/расши́рить	erweitern
расши́ренный, расшире́ние	
сно́ва и сно́ва	immer wieder
нали́чие	Vorhandensein
ры́нок, -нка	Markt
в конце́ концо́в	schließlich, letzten Endes
избега́ть/избежа́ть	vermeiden, ausweichen
избежа́ть перегру́зки	eine Überlastung vermeiden

стара́ться/постара́ться	sich bemühen
воспринима́ть/восприня́ть	aufnehmen, wahrnehmen
воспри́нятый	
восприя́тие рекла́мной информа́ции	
убежда́ть/убеди́ть	überzeugen, überreden
убеждённый, убежде́ние	
впечатле́ние	Eindruck
прерыва́ющий	unterbrechend

2 – Ответьте на следующие вопросы.

1. Что тако́е рекла́ма и каковы́ её зада́чи?
2. Назови́те рекла́мные сре́дства.
   Как Вы отно́ситесь к почто́вому я́щику, по́лному рекла́мными материа́лами?
3. Как Вы счита́ете, мо́жет ли рекла́ма убеди́ть потреби́теля соверши́ть поку́пку?
4. Есть ли у Вас ли́чно люби́мая рекла́ма, наприме́р, по ра́дио и́ли телеви́дению? Кака́я рекла́ма осо́бенно популя́рна в Ва́шей стране́?
5. Что Вы ду́маете о рекла́ме, прерыва́ющей хоро́ший фильм?

3 – Прочитайте следующие слоганы.
Скажите, какие слоганы относятся к пункту а), б) или в).

а) предложе́ние

б) рекла́мный сло́ган

в) установле́ние конта́ктов

- Ваш надёжный партнёр в океа́не би́знеса.
- Наде́емся на успе́шное сотру́дничество.
- Мы предлага́ем лице́нзии, »ноу-хау«, инжини́ринг.
- Ва́ши пробле́мы – на́ши забо́ты.
- Запроси́те, пожа́луйста, наш информацио́нный проспе́кт.
- Вме́сте с прогре́ссом.

- Напиши́те нам и́ли позвони́те.
- Для нас нет невозмо́жного.
- О́пыт – ка́чество – се́рвис для покупа́телей.
- Вас удивя́т ни́зкие це́ны, высо́кое ка́чество и бога́тый ассорти́ме́нт това́ров.

3

Грамматика

1 – Повторите.

Pronomen

Personalpronomen (Личное местоимение)	Possessivpronomen (Притяжательное местоимение)
я	мой, моя́, моё, мои́
ты	твой, твоя́, твоё, твои́
он	его́
она́	её
оно́	его́
мы	наш, на́ша, на́ше, на́ши
вы	ваш, ва́ша, ва́ше, ва́ши
они́	их

2 – Дополните предложения и вставьте соответствующее притяжательное местоимение.

Приме́р: Мы получа́ем руду́ от э́той фи́рмы.
Она́ наш поставщи́к.

а) Э́та фи́рма принима́ет уча́стие в я́рмарке.
Э́то – . . . стенд.

б) Э́то предприя́тие произво́дит телеви́зоры.
Э́то – . . . проду́кты.

в) Они́ пе́рвый раз встреча́ются в Москве́.
Э́то – . . . пе́рвая встре́ча.

г) Мы ещё не до́лго сотру́дничаем.
Э́то – . . . пе́рвый контра́кт.

д) Я вме́сте с ни́ми рабо́таю.
Э́то . . . колле́ги.

е) Извини́те, Вы забы́ли катало́г.
Э́то – . . . катало́г.

ж) Э́ти фи́рмы ка́ждый год пока́зывают свои́ нови́нки на я́рмарке.
Э́то – . . . экспона́ты.

3 – Повторите.

Steigerung der Adjektive

Steigerungsform	Langform (vorwiegend attributiver Gebrauch)	Kurzform (vorwiegend prädikativer Gebrauch)
Positiv (Положи́тельная сте́пень)	интере́сный, -ая, -ое, -ые	интере́сен, -сна, -сно, -сны
Komparativ (Сравни́тельная сте́пень)	бо́лее интере́сный, -ая, -ое, -ые	интере́снее
Superlativ (Превосхо́дная сте́пень)	са́мый интере́сный са́мая интере́сная са́мое интере́сное са́мые (наибо́лее) интере́сные интере́снейший	интере́снее всего́ (всех)

4 – Найдите формы превосходной степени из следующих анонсов.

Внимание

30 000 наиболее распространенных и покупаемых товаров из Канады по самым низким ценам.

Ювелирные изделия, игрушки, одежда, косметика, продукты питания, предметы для спорта, дома, офиса, автомобиля и многое другое. Вы получите невероятные прибыли. Пишите нам и мы вышлем каталог:

Stock Trading Inc.
Succursale Beaublen C.P. 152
Montreal (Quebec) H26 3C9 Canada
Fax: (514) 279-8294; Tel: (514) 279-1910

ВНИМАНИЕ! ВЛАДЕЛЬЦЫ ЧАЙНЫХ ПЛАНТАЦИЙ В ИНДИИ ПРЕДЛАГАЮТ

Чай МК

натуральный индийский чай высшего качества в пачках по 100 г, 200 г со склада в Москве. Цена $ 2.00 - 2.20 за кг. Возможна оплата в рублях.

Адрес: Кутузовский просп., 5/3
Телефоны: (095) 243-46-03, 243-18-54

5 – Выучите новые слова и выражения.

ано́нс	Annonce
распространённый	verbreitet
игру́шка	Spielzeug
невероя́тный	unglaublich
при́быль, -и	Gewinn, Profit
опла́та	Bezahlung
вклад	Anlage, Deposit

6 – Образуйте формы сравнительной и превосходной степени прилагательных (Adjektive).

- о́пытный
- кру́пный
- прогресси́вный
- вы́годный
- надёжный
- ва́жный
- бы́стрый
- хоро́ший
- удо́бный
- стаби́льный
- краси́вый

7 – Выучите эти слова.

о́пытный	erfahren
кру́пный	bedeutend, wichtig, groß
вы́годный	vorteilhaft, günstig
высокока́чественный	hochwertig
надёжный	zuverlässig
удо́бный	bequem

8 – Найдите антонимы.

ни́же	у́же
ху́же	доро́же
быстре́е	то́ньше
бо́льше	ме́дленее
деше́вле	вы́ше
коро́че	лу́чше
ши́ре	ме́ньше
то́лще	длине́е

9 – Измените следующие предложения.

Приме́р: Э́то бо́лее дешёвый това́р.
Das ist eine billigere Ware.

Э́тот това́р деше́вле.
Diese Ware ist billiger.

а) Э́то бо́лее коро́ткий срок поста́вки.
б) Э́то бо́лее ни́зкая цена́.
в) Э́то бо́лее надёжный партнёр.
г) Э́то бо́лее но́вое изде́лие.
д) Э́то бо́лее краси́вый проду́кт.
е) Э́то бо́лее вы́годное предложе́ние.
ж) Э́то бо́лее ва́жная пробле́ма.

з) Э́то бо́лее дорого́е обору́дование.

и) Э́то бо́лее серьёзные тру́дности.

й) Э́то бо́лее лёгкая зада́ча.

10 – Дополните следующие предложения с помощью данных слов. Используйте формы сравнительной и превосходной степени.

а) Мы оди́н из . . . экспортёров не́фти.

б) На́ши це́ны . . .

в) Где Вы найдёте ме́бель . . ., чем у нас?

г) На́ши това́ры отно́сятся к . . . и . . . маши́нам.

д) На́ши услу́ги . . ., чем у други́х фирм.

е) Мы помога́ем в . . . сро́ках.

высококá́чественный – хоро́ший – краси́вый – надёжный – кру́пный – коро́ткий – ни́зкий

<u>**Внимание!**</u>

11 – Vergleiche werden mit Hilfe der Präposition »чем« oder des Genitives ausgedrückt.

Приме́р: поста́вить бы́стро
Мы поста́вим быстре́е, чем други́е фи́рмы.

или: Мы поста́вим быстре́е други́х фирм.

Образуйте предложения из данных слов и сравните Вашу фирму с другой фирмой.

а) це́ны – стаби́льные

б) услу́ги – хоро́шие

в) найти нас – легко́

г) се́рвиз – надёжный

12 – Переведите на русский язык.

1. Wir suchen nach der besten Lösung für Sie.
2. Wir garantieren die stabilsten Preise.
3. Wir liefern schneller, bequemer, billiger.
4. Kaufen Sie bei uns. Wir bieten beste Qualität.
5. Auf dem Gebiet der Elektronik gehören wir zu den erfahrensten und fortschrittlichsten Firmen.
6. Kommen Sie zu uns. Wir haben die günstigsten Kredite.

13 – Вы являетесь представителем одной из следующих фирм. Предложите свои товары. Используйте при этом формы сравнительной и превосходной степени.

I.

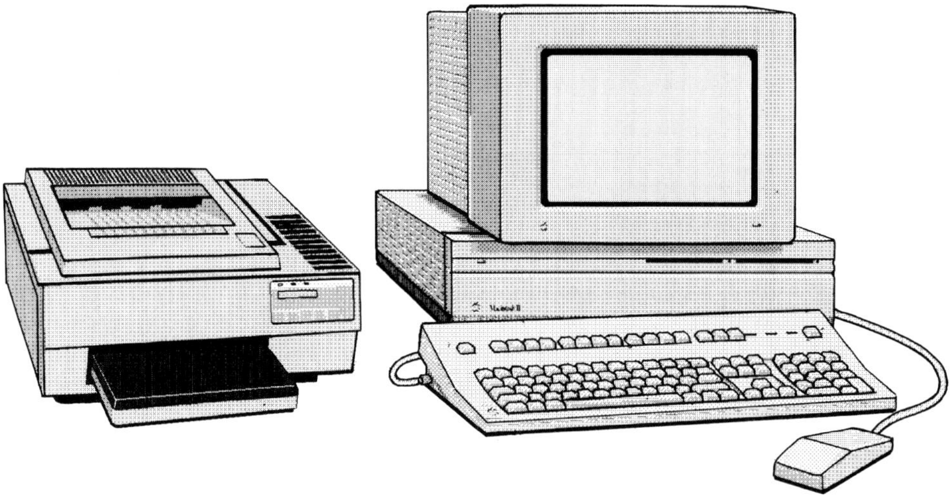

Скажите, например, что

- Ihre Firma eine der bekanntesten Computerfirmen Europas ist.
- Sie Spitzenprodukte zu günstigsten Preisen liefern.
- Sie eine schnelle Lieferung und besten Service garantieren.
- Sie die günstigsten Rabatte gewähren . . .

II.

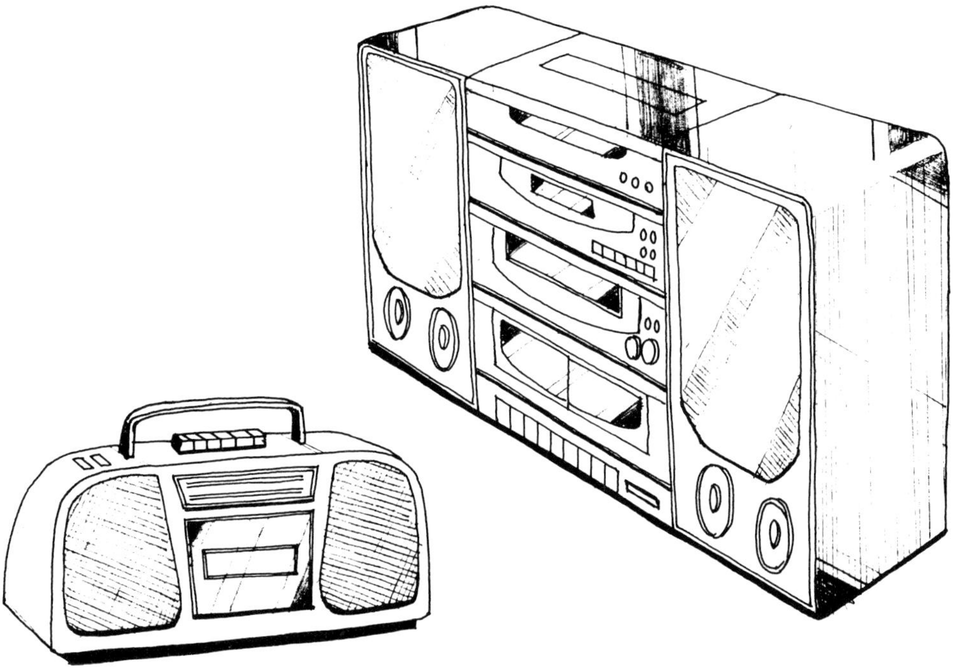

Скажите, например, что

- Ihre Firma einer der größten Hersteller von Unterhaltungselektronik[1] ist.
- Ihre Produkte zu den hochwertigsten auf dem Weltmarkt gehören.
- die Bestellung bei Ihnen am einfachsten ist.
- die Lieferung in kürzester Zeit möglich ist.

[1] разьлекáтельная электрóника

Санкт Петербург.
Смольный Монастырь.

Санкт Петербург.
Васильевский Остров.
Музейный комплекс.

Москва.
Храм Василия
Блаженного.

III. Вы работаете в бюро путешествий. Предложите сделать путешествие в Россию и другие страны СНГ. Работайте парами.

Скажите, например, что

- Rußland und die anderen GUS-Staaten einen optimalen und unvergeßlichen Urlaub garantieren.
- St. Petersburg zu den schönsten Städten der Welt gehört.
- Peterhof, die Eremitage und das Winterpalais die berühmtesten Sehenswürdigkeiten der Stadt sind.
- Moskaus größter und bekanntester Platz der Rote Platz ist.
- Moskau zu den interessantesten Hauptstädten der Welt gehört.
- der Kreml unbedingt besichtigt werden sollte.
- ein Besuch im Bolshoj Theater der schönste Abend in Moskau ist und die Tänzer zu den besten in der Welt gehören.
- Jalta eine der reizvollsten Städte auf der Krim ist.
- das Schwarze Meer eines der beliebtesten Urlaubsgebiete ist.
- die Hotels besten Service bieten.
- die Reiseleiter sehr erfahren und die Flugverbindungen günstig sind . . .

Англицизмы в русском языке 4

1 – Прочитайте текст со словарём.

Англи́йский язы́к ока́зывает большо́е влия́ние на все языки́ ми́ра, не то́лько в о́бласти эконо́мики, торго́вли и те́хники, но и в ежедне́вной жи́зни. За после́дние го́ды влия́ние англи́йского языка́ на ру́сский значи́тельно уси́лилось. В экономи́ческую ле́ксику вошли́ и за́няли своё ме́сто таки́е слова́, как: би́знес и бизнесме́н, компью́тер, при́нтер, пла́йер, о́фис, фью́чер. Большо́й популя́рностью по́льзуются га́мбургеры, »Биг-Мак« и »Филе́-о-фиш« в заку́сочных »Макдо́нальдс«.

Мно́го англи́йских поня́тий встреча́ются в биржево́й ле́ксике и в ры́ночных отноше́ниях.

2 – Прочитайте следующие слова и напишите английский эквивалент.

- мéнеджер
- агéнт
- брóкер
- ди́лер[1]
- инвéстор
- креди́тор
- спóнсор
- би́знес
- вáучер
- маркéтинг
- и́мидж
- фáкторинг
- ли́зинг
- бум
- депóзит
- кли́ринг
- ноу-хáу

[1] В русском языке, в отличие от немецкого, »дилер« – это лицо или фирма, которые занимаются перепродажей различных товаров.

Запрос

3

Прочита́йте и переведи́те текст.

1

Что тако́е запро́с? Запро́с – э́то в при́нципе про́сьба или жела́ние получи́ть необходи́мую дета́льную информа́цию для осуществле́ния или расшире́ния хозя́йственной де́ятельности фи́рмы. Таки́м о́бразом, запро́с ча́сто явля́ется нача́лом торго́вых отноше́ний с но́вым партнёром и́ли спосо́бствует расшире́нию уже́ существу́ющих отноше́ний с традицио́нными партнёрами.

Запро́с де́лается, когда́ фи́рма хо́чет:

- завяза́ть но́вые конта́кты,
- ввести́ в свой ассортиме́нт но́вый проду́кт,
- попо́лнить свой склад,
- найти́ но́вые – по возмо́жности дешёвые – исто́чники получе́ния това́ров.

Запро́с мо́жет осуществля́ться:

- в ра́мках ли́чной бесе́ды представи́теля заинтересо́ванной фи́рмы с представи́телем фи́рмы-поставщика́,
- в ви́де разгово́ра по телефо́ну,
- в ви́де телегра́ммы и́ли фа́кса и́ли,
- ча́ще всего́, в ви́де делово́го письма́ заинтересо́ванной фи́рмы в а́дрес фи́рмы-поставщика́, опто́вого торго́вца и́ли фабрика́нта.

Предме́том запро́са обы́чно явля́ются:

- усло́вия поста́вки (включа́я вопро́сы тра́нспорта и страхова́ния),
- усло́вия платежа́,

– возмóжности предоставлéния скúдки за колúчество закáзываемого товáра.

Запрóсы, сдéланные ýстно, по телефóну или по телегрáфу должны́ подтверждáться пúсьменно во избежáние возмóжных недоразумéний. Запрóс обы́чно дéлается на основáнии проспéктов, каталóгов, объявлéний по рáдио или телевúдению, объявлéний в газéтах и журнáлах и на основáнии информáции, полýченной на вы́ставках и я́рмарках.

В запрóсе заинтересóванная фúрма обы́чно прóсит о пересы́лке предложéния с приложéнием образцóв, пересы́лке прейскурáнтов и специáльных каталóгов, образцóв с указáнием услóвий постáвки и платежá.

Заинтересóванная фúрма, тó-есть покупáтель, в своём запрóсе обы́чно укáзывает кáчество желáемого товáра и колúчество своегó спрóса и потрéбности.

Чáсто покупáтель в своём запрóсе обещáет осуществúть крýпный закáз при услóвии получéния им вы́годного предложéния. Иногдá в своём запрóсе он укáзывает на совмéстного коммéрческого партнёра, спосóбного дать рекомендáцию или любýю другýю информáцию о нём.

1 – Выучите новые слова и выражения.

запрáшивать/запросúть	anfragen; anfordern
запрóшенный, запрóс	
мысль, -ли	Gedanke
осуществля́ть/осуществúть	verwirklichen, realisieren
осуществлённый, осущесвлéние	
относúться/отнестúсь	sich beziehen auf
отнесённый	
отношéние	Beziehung, Verhältnis
торгóвые отношéния	Handelsbeziehungen
спосóбствовать кому-чему в чём/ поспосóбствовать	beitragen, fördern
завя́зывать/завязáть контáкты	Kontakte aufnehmen, anknüpfen
завя́занный, завя́зывание	
вводúть/ввестú	einführen
введённый, введéние	

пополня́ть/попо́лнить	anfüllen, auffüllen, ergänzen
попо́лненный, пополне́ние	
находи́ть/найти́	finden
на́йденный, нахожде́ние	
исто́чник	Quelle
поставля́ть/поста́вить	liefern
поста́вленный, поста́вка	
фи́рма-поставщи́к	Lieferfirma
усло́вие	Bedingung
при э́том усло́вии	unter dieser Bedingung
усло́вия поста́вки	Lieferbedingungen
страхова́ть/застрахова́ть	versichern
(за)страхо́ванный, страхова́ние и страхо́вка	
плати́ть/заплати́ть	bezahlen
запла́ченный, пла́та и платёж	
усло́вия платежа́	Zahlungsbedingungen
предоставля́ть/предоста́вить	überlassen, zur Verfügung stellen
предоста́вленный, предоставле́ние	
предоставля́ть ски́дку	Rabatt gewähren, einräumen
подтвержда́ть/подтверди́ть	bestätigen
подтверждённый, подтвержде́ние	
во избежа́ние	zur Vermeidung
недоразуме́ние	Mißverständnis
объявля́ть/объяви́ть	(öffentlich) erklären, bekanntgeben
объя́вленный, объявле́ние	
объявле́ние в газе́те	Zeitungsannonce
пересыла́ть/пересла́ть	übersenden, zuschicken
пересла́нный, пересы́лка	
прилага́ть/приложи́ть	beilegen, beifügen
прило́женный, приложе́ние	
предложе́ние с приложе́нием образцо́в	bemustertes Angebot
прейскура́нт	Preisliste, Preisverzeichnis
коли́чество	Menge, Quantität
обеща́ть	versprechen
обе́щанный, обеща́ние	
спра́вка	Auskunft, Erkundigung, Nachfrage; Bescheinigung

2

Упражнения

1 – Дополните предложения по-русски.

1. Основна́я цель запро́са – э́то
- der Erhalt der erforderlichen Informationen (russ. Sg.!)

2. Запро́с де́лается для
- Anknüpfung neuer Geschäftsverbindungen
- Aufnahme neuer Artikel in das Firmensortiment
- Auffüllung des Firmenlagers
- Auffindung günstiger Lieferanten.

2 – Ответьте на вопросы.

1. В како́й фо́рме мо́жно осуществи́ть запро́с?
2. На како́м основа́нии обы́чно де́лается запро́с?
3. О чём обы́чно про́сят в запро́се?
4. Что ча́сто ука́зывается в запро́се?

3 – Найдите подходящие глаголы.

Наш запро́с	(2)	1. объявля́ется в газе́те
Но́вые конта́кты	( )	2. подтвержда́ется
Хозя́йственная де́ятельность	( )	3. ука́зываются
Рекла́ма	( )	4. завя́зываются
Ча́сто покупа́тель	( )	5. предоставля́ется
Усло́вия поста́вки	( )	6. избега́ются
Ва́жная информа́ция	( )	7. вво́дятся в ассорти-ме́нт
Това́рный склад	( )	8. получа́ется
Но́вые проду́кты	( )	9. расширя́ется
Други́е исто́чники това́ров	( )	10. пересыла́ются
Недоразуме́ния	( )	11. пополня́ется

Прейскура́нт и катало́г	( )	12. обеща́ет кру́пный зака́з
Ски́дка в три проце́нта	( )	13. нахо́дятся

4 – Напишите словосочетания (Wortverbindungen) с соответствующими существительными (Substantiven), найдите правильную форму существительных.

Образец: Мы просим партёра. – Наша просьба к партнёру

Мы осуществляем задачу.	При . . . задач-
Мы начинаем работу.	До . . . работ-
Партнёры расширяют свои отношения.	При . . . отношен--
Мы завязываем новые контакты.	От . . . нов-- контакт-- зависит
Мы вводим новый продукт в свой ассортмент.	С . . . нов--- продукт-
Мы пополняем наш склад.	При . . . наш--- склад-
Они разговаривают по телефону.	В их . . . по телефон-
Фирма поставляет товары.	При . . . товар--
В договор включаются вопросы транспорта.	Для . . . вопрос-- транспорт-
Фирма предоставляет значительную скидку.	При . . . значительн-- скидк-
Мы получаем важную информацию.	После . . . важн-- информац--

Прочитайте следующие типовые фразы и тренируйте обратный перевод на немецкий и русский язык. 3

1. Мы ви́дели ва́ше объявле́ние в газе́те »Коммерса́нт« от 30-ого а́вгуста.	Wir haben Ihre Anzeige in der Zeitung »Kommersant« vom 30. August gesehen.

2. Дире́ктор на́шей фи́рмы посети́л вы́ставку электро́нной те́хники в Га́мбурге.	Der Direktor unserer Firma hat die Elektronikausstellung in Hamburg besucht.
3. Мы получи́ли Ваш а́дрес от делово́го партнёра.	Wir haben Ihre Anschrift von einem Geschäftsfreund erhalten.
4. Мы ви́дели стенд Ва́шей фи́рмы на Франкфуртской весе́нней я́рмарке.	Wir haben Ihren Firmenstand auf der Frankfurter Frühjahrsmesse gesehen.
5. Мы хоте́ли бы, что́бы Вы присла́ли нам соотве́тствующие катало́ги.	Wir möchten, daß Sie uns die entsprechenden Kataloge schicken.
6. Мы про́сим Вас присла́ть нам та́кже образцы́ това́ров.	Wir bitten Sie, uns auch Warenproben zu schicken.
7. Пожа́луйста, сообщи́те нам все подро́бности о Ва́ших проду́ктах.	Teilen Sie uns bitte alle Einzelheiten über Ihre Produkte mit.
8. Укажи́те возмо́жную да́ту поста́вки.	Geben Sie den möglichen Liefertermin an.
9. Мы явля́емся кру́пной фи́рмой Герма́нии, импорти́рующей това́ры.	Wir sind eine große Importfirma Deutschlands.
10. Име́ете ли Вы в Ва́шем ассортиме́нте проду́кты худо́жественного ремесла́?	Führen Sie in Ihrem Sortiment Erzeugnisse des Kunsthandwerks?
11. Осо́бенно нас интересу́ют изде́лия Па́лехской жи́вописи.	Besonders interessieren uns Erzeugnisse der Palech-Malerei.
12. Нам сро́чно ну́жно две́сти штук радиотелефо́нов.	Wir benötigen dringend 200 Funktelefone.
13. Про́сим Вас присла́ть нам предложе́ние на поста́вку пяти́десяти автопогру́зчиков с поста́вкой до конца́ го́да.	Wir bitten um Zusendung eines Lieferangebots für 50 Hubwagen mit Lieferung bis Jahresende.

14. Мы бы́ли бы Вам о́чень призна́тельны, е́сли бы Вы посла́ли нам катало́г и дета́льный прейскура́нт Ва́ших това́ров.	Wir wären Ihnen sehr verbunden, wenn Sie uns einen Katalog und eine ausführliche Preisliste Ihrer Waren schicken würden.
15. Мы прилага́ем спи́сок това́ров, кото́рые мы хоте́ли бы получи́ть до конца́ второ́го кварта́ла.	Wir legen eine Liste der Waren bei, die wir bis zum Ende des zweiten Quartals erhalten möchten.
16. Мы про́сим Вас присла́ть предложе́ние с са́мыми ни́зкими це́нами.	Wir bitten Sie, ein Angebot zu niedrigsten Preisen zu schicken.
17. Мы зна́ем, что Вы явля́етесь одни́м из крупне́йших импортёров электрообору́дования.	Wir wissen, daß Sie einer der größten Importeure für Elektroartikel sind.
18. Про́сим дать нам подро́бную информа́цию о ка́честве предлага́емых Ва́ми това́ров.	Wir bitten Sie, uns eingehende Informationen über die Qualität der von Ihnen angebotenen Waren zu geben.
19. Мы ссыла́емся на Ва́шу рекла́му в газе́те »Эконо́мика и жизнь«.	Wir nehmen Bezug auf ihre Werbung in der Zeitung »Ökonomie und Leben«.
20. Про́сим Вас присла́ть нам бо́лее дета́льную информа́цию.	Wir bitten Sie, uns detailliertere Informationen zu schicken.
21. Про́сим Вас вы́слать нам образцы́ проду́ктов Ва́шего нове́йшего произво́дства.	Wir bitten Sie, uns Erzeugnismuster Ihrer neuesten Produktion zu schicken.
22. Сообщи́те, пожа́луйста, усло́вия поста́вки и платежа́.	Teilen Sie bitte die Liefer- und Zahlungsbedingungen mit.
23. Телевизио́нные игровы́е приста́вки по́льзуются больши́м спро́сом.	Telespiele (game gear) erfreuen sich großer Nachfrage.

24. Спрос на них у нас ре́зко повыша́ется.	Die Nachfrage nach ihnen steigt bei uns stark an.
25. Коро́ткий срок поста́вки име́л бы большо́е значе́ние для нас.	Eine kurze Lieferfrist hätte für uns große Bedeutung.
26. Каку́ю ски́дку Вы могли́ бы нам предоста́вить при увеличе́нии зака́за до двух ты́сяч штук?	Welchen Rabatt könnten Sie uns bei Erhöhung der Bestellung auf 2000 Stück geben?

Грамматические упражнения

4

1 – Повторите принципы образования причастий (Partizip).

	Aktiv	Passiv
Präsens	Фи́рма, поставля́ющая това́р -щ- unvollendet	Това́р, поставля́емый фи́рмой -м- unvollendet
Präteritum	Фи́рма, поставля́вшая/ поста́вившая това́р коммерса́нт, дости́гший успе́ха -вш- -ш- unvollendet/vollendet	поста́вленный фи́рмой това́р дости́гнутый коммерса́нтом успе́х -нн- -т- meist vollendet

2 – Das Partizip Präsens Aktiv als Attribut. Переведите следующие словосочетания, подчеркните причастия.

Обраба́тывающая промы́шленность, сотру́дничающие в ра́мках Европе́йского Сою́за фи́рмы, бы́стро развива́ющаяся страна́, пи́шущая маши́нка, учи́тывающий все ва́жные фа́кторы план, всё от нас зави́сящее, открыва́ющий вы́ставку президе́нт, интересу́ющиеся междунаро́дной торго́влей студе́нты, находя́щееся в це́нтре го́рода бюро́, предлага́ющий но́вые реше́ния торго́вый партнёр.

3 – Das Partizip Präsens Aktiv zur Einleitung eines Nebensatzes. Замените причастие словом который, -ая, -ое + глагол в правильной форме.

Образец: На́ша фи́рма, *име́ющая* 20 филиа́лов, рабо́тает во всех европе́йских стра́нах – На́ша фи́рма, *кото́рая име́ет* 20 филиа́лов, рабо́тает во всех европе́йских стра́нах.

1. Управле́ние фи́рмы Мерседе́с, находя́щееся в Шту́тгарте, сообщи́ло об откры́тии но́вого филиа́ла.
2. Дире́ктор посове́товался с нау́чным сотру́дником, иссле́дующим вопро́сы сбы́та това́ров.
3. Мы внима́тельно следи́м за все́ми измене́ниями усло́вий ры́нка, представля́ющими большо́й интере́с для на́шей фи́рмы.
4. Где живёт Марти́на, уча́щаяся на ку́рсах Еврошко́лы?
5. Сиби́рские предприя́тия, добыва́ющие приро́дный газ, име́ют надёжную перспекти́ву.
6. Мы напра́вили свой зака́з в фи́рму, обеспе́чивающую бо́лее дли́тельную гара́нтию на изде́лия.
7. Принеси́те докуме́нты, лежа́щие на столе́ у дире́ктора.
8. Наш сотру́дник, занима́ющийся юриди́ческими вопро́сами, верну́лся вчера́ из Брюссе́ля.

4 – Das Partizip Präsens Passiv.

Обратите внимание на тот факт, что это причастие встречается в двух значениях:

проводи́мая рабо́та – 1. Работа, которая прово́дится (в настоящее время)
2. работа, которую надо провести́ (часто с указанием времени)

Познакомьтесь со следующими предложениями, обратите внимание на значение причастий, переведите на немецкий язык:

1. План, разраба́тываемый гру́ппой специали́стов, до́лжен повы́сить при́быльность на́шей экономи́ческой де́ятельности.
2. Обсужда́емые на сегодня́шней конфере́нции вопро́сы име́ют большо́е значе́ние для расшире́ния на́ших торго́вых свя́зей.
3. Ка́чество обору́дования, поставля́емого на́шими партнёрами, должно́ соотве́тствовать тре́бованиям контра́кта.
4. Измене́ния, предусма́триваемые в на́шем прое́кте, бу́дут значи́тельно спосо́бствовать улучше́нию усло́вий рабо́ты.
5. Сырьё, испо́льзуемое на э́том заво́де, импорти́руется из Ю́жной Аме́рики.
6. Для организу́емой на́ми рабо́ты нам нужны́ хоро́шие специали́сты.
7. Продава́емые фи́рмой Эльго това́ры отлича́ются высо́ким ка́чеством.
8. Подпи́сываемые дире́ктором докуме́нты лежа́т в зелёной па́пке.
9. Зака́нчиваемый до конца́ ме́сяца ана́лиз пока́жет целесообра́зность расшире́ния на́ших торго́вых свя́зей.
10. Транспорти́руемые в рефрижера́торах проду́кты по́ртятся при непра́вильном хране́нии.

5 – Das Partizip Präteritum Aktiv

Переведите следующие предложения, обратите внимание на употребление причастий.

1. На состоя́вшейся на про́шлой неде́ле конфере́нции выступа́л дире́ктор на́шей фи́рмы.
2. Расхо́ды, возни́кшие в связи́ с просто́ем, понёс продаве́ц.
3. Коми́ссия Европе́йского Сою́за, прове́рившая наш прое́кт, дала́ положи́тельный отве́т.
4. Господи́н Гримм, прие́хавший вчера́ из Фра́нкфурта, сего́дня у́тром при́нял уча́стие в совеща́нии.
5. При существова́вших ра́ньше усло́виях невозмо́жно бы́ло реши́ть э́ти пробле́мы.
6. Мой знако́мый рабо́тает в э́кспортном отде́ле фи́рмы, находи́вшемся ра́ньше в це́нтре го́рода.
7. С францу́зской фи́рмой, напра́вившей нам пе́рвые образцы́ това́ров два года тому́ наза́д, мы сотру́дничаем тепе́рь о́чень те́сно.
8. Представи́тели фи́рмы Эльго, посети́вшие наш филиа́л вчера́ ве́чером, улете́ли уже́ сего́дня у́тром.
9. Фа́брика, производи́вшая ра́ньше вое́нную радиоте́хнику, выпуска́ет тепе́рь персона́льные компью́теры.
10. Заве́дующий отде́лом поблагодари́л ма́стера, размести́вшего рекла́му на автомаши́нах на́шей фа́брики.

Измените предложения упражнения по следующему образцу:

На конфере́нции, кото́рая состоя́лась на про́шлой неде́ле, выступа́л дире́ктор на́шей фи́рмы.

6 – Das Partizip Präteritum Passiv

Прочитайте словосочетания, измените их по образцу:

Полу́ченный на́ми те́лекс – те́лекс, кото́рый мы получи́ли

Запо́лненный ва́ми бланк, подпи́санный председа́телем протоко́л, проведённые на́ми перегово́ры, напи́санное секретарём письмо́, приведённые дире́ктром приме́ры, отпра́вленное на́ми письмо́, ука́занная фи́рмой цена́, вы́сланные ва́ми образцы́, осуществлённые им пла́ны, поста́вленные италья́нской фи́рмой изде́лия, подтверждённый дире́ктором фи́рмы запро́с, попо́лненный на́ми склад, опла́ченная поставщико́м страхо́вка, предоста́вленная экспортёром ски́дка, дости́гнутые и́ми хоро́шие результа́ты.

7 – Kurzform des Partizips Präteritum Passiv als Prädikat

Прочитайте примеры, измените их по образцам:

Эта пробле́ма должна́ быть обсуждена́. – На́до обсуди́ть э́ту пробле́му.

Рекла́ма мо́жет быть размещена́ во мно́гих места́х. – Мо́жно размести́ть рекла́му во мно́гих места́х.

На́ши два филиа́ла мо́гут быть объединены́. Все вопро́сы должны́ быть обсуждены́. Необходи́мые усло́вия мо́гут быть со́зданы. Возмо́жности эксплуата́ции прибо́ра должны́ быть опи́саны в »пра́вилах по́льзования«. На́ша рекла́ма должна́ быть размещена́ на больши́х плака́тах. Вы́ставка мо́жет быть откры́та на одну́ неде́лю ра́ньше. Образцы́ на́ших проду́ктов должны́ быть пока́заны, предло́жены и пе́реданы всем посети́телям я́рмарки. Вся па́ртия това́ров мо́жет быть продана́ до конца́ э́того кварта́ла. В сообще́нии должна́ быть вы́ражена заинтересо́ванность в расшире́нии конта́ктов. На совеща́нии должна́ быть дости́гнута договорённость по всем вопро́сам.

Примеры деловых писем-запросов и ответов на них
Прочитайте и переведите образцы писем.

5

1 – Примеры запроса

Уважа́емые господа́!

Во вре́мя моего́ пребыва́ния в Бе́лгороде две неде́ли тому́ наза́д я посети́л Ва́шу вы́ставку, где мне о́чень понра́вились автокра́ны, а та́кже други́е маши́ны Ва́шей произво́дственной програ́ммы, кото́рые демонстри́ровались на Ва́шем сте́нде.

Я прилага́ю спи́сок тре́бующихся мне наименова́ний, и был бы о́чень рад получи́ть как мо́жно скоре́е Ва́ше предложе́ние.

Я та́кже хоте́л бы получи́ть по́лную информа́цию, каса́ющуюся э́кспортных цен, усло́вий платежа́, са́мого ра́ннего сро́ка поста́вки и ски́дки для постоя́нных покупа́телей.

Моя́ фи́рма интересу́ется все́ми ти́пами автокра́нов и други́ми маши́нами, продемонстри́рованными на Ва́шем сте́нде. Если Вы в бу́дущем расши́рите свою́ произво́дственную програ́мму, мы хоте́ли бы получи́ть дета́льную информа́цию о но́вых изде́лиях.

С уваже́нием

(подпись)

Уважа́емые да́мы и господа́!

Мы получи́ли Ваш а́дрес от делово́го партнёра, с кото́рым мы подде́рживаем про́чные торго́вые отноше́ния уже́ до́лгие го́ды. Поэ́тому мы хоте́ли бы установи́ть с Ва́шей фи́рмой деловы́е конта́кты.

На́ша фи́рма заинтересо́вана во всех ти́пах подши́пников, кото́рые име́ются в Ва́шем ассортиме́нте.

Мы были бы Вам о́чень призна́тельны, е́сли бы Вы присла́ли нам катало́г изде́лий Ва́шей фи́рмы и по возмо́жности образцы́, что́бы мы име́ли возмо́жность показа́ть на́шим зака́зчикам нове́йшие вариа́нты.

В ожида́нии Ва́шего ско́рого отве́та остаёмся

с уваже́нием

(подпись)

2 – Напишите запрос в грамматически правильной форме.

Уважаемые (господин)!

Мы очень (интересоваться) (мини-приёмник), которые Вы (показывать) на Британской промышленной ярмарке на (прошлая неделя).

Сейчас мы хотели бы, чтобы Вы (предложить) нам триста штук таких приёмников, и в то же время (сообщить) нам условия платежа и подтвердили, что поставка может быть осуществлена в течение трёх месяцев с (дата заказа).

Вам, наверное, будет приятно узнать, что ряд (наши заказчики) высказался положительно о (продукция с Вашей торговой маркой).

С уважением

(Подпись)

3 – Примеры ответа на запрос. Прочитайте образцы писем.

Уважаемые господа!

Подтверждаем получение Вашего письма от 30 ноября с просьбой выслать наше предложение на 400 шлифовальных станков[1] и указать дату поставки.

Мы можем отгрузить требуемые станки по 300 марок за штуку ФОБ[2] порт с поставкой до конца года.

Пожалуйста, отправьте Ваш заказ со скорой доставкой для быстрого исполнения.

С уважением

[1] шлифовальный станок – Schleifmaschine

[2] ФОБ – fob – free on board смотри тему »Поставка«

Уважаемые господа!

Мы получили сегодня Ваше письмо от 17 февраля и прилагаем к нашему письму каталог, прейскурант и детальную информацию, которые Вы запрашивали.

Все указанные товары имеются в наличии и могут быть отгружены незамедлительно по получении заказа.

С уважением

Уважаемые господа!

Мы рады были узнать, что Вы видели нашу продукцию на торговой ярмарке в Ганновере, и нам очень приятно выслать с этим письмом наши модели, которые охватывают ассортимент товаров, в которых Вы заинтересованы.

С уважением

4 – Напишите ответ в правильной грамматической форме.

Уважаемые господа!

Благодарим за письмо от 19 (июль), в котором Вы сообщаете, что компания Эрикс рекомендовала Вам (наша фирма) и указываете, что Вы заинтересованы в (специальные материалы) для облицовки стен.

Мы направляем отдельной почтой (копия) нашего каталога и образцы *облицовочных материалов* и ждём от Вас (своевременный ответ), после того как Вы будете иметь возможность ознакомиться с ними.

После получения (Ваш заказ) мы незамедлительно им займёмся, чтобы гарантировать (поставка) к установленной дате.

С уважением

5 – У господина Гримма появилась деловая проблема. Поэтому он обращается к своему коллеге в Москве за помощью. Прочитайте его письмо.

Россия
123456 Москва
Новосельская улица д. 42
Фирма Электроника
г-ну С. И. Комарову

15 января 1996 г.

Уважаемый господин Комаров!

Исходя из личного знакомства и долгого сотрудничества с Вами обращаюсь сегодня к Вам с просьбой.

Саратовская фирма »Телесвязь« выразила желание уже в ближайшее время купить у нас в кредит большое количество радиотелефонов. Названная фирма является для нас абсолютно новым клиентом и мы только что узнали о её существовании. Поэтому мы были бы Вам очень признательны, если бы Вы смогли дать нам необходимые сведения о репутации этой фирмы. Сдедует ли нам предоставить этой фирме кредит на значительную сумму? Вы в Вашей стране лучше разбираетесь в этом вопросе, чем мы в далёкой Германии.

Заверяем Вас в том, что любой информацией, которую Вы нам предоставите, мы будем пользоваться строго конфиденциально.

Надеемся в скором времени получить от Вас ответ.

Искренне Ваш

М. Гримм

6 – Напишите ответ г-на Комарова на это письмо с учётом следующих требований.

- подтвердите получение письма
- поблагодарите за доверие
- г-н Комаров получил информацию:
  - названная фирма надёжная, имеет хорошую репутацию, радиотелефоны покупаются для Скорой медицинской помощи и для полиции, фирма имеет государственную лицензию
- заключительная формула вежливости
- подпись

Структура русского делового письма

6

Обычно деловые пи́сьма пишутся на напечатанных типографским способом бланках. Они, как правило, имеют следующий вид:

Заголовок письма (Briefkopf):

Фирменная эмблема, эмблема предприятия	Наименование и адрес фирмы, организации, отправляющей письмо	почтовый адрес	Номер телефона, телетайпа и факса	Банковские реквизиты

Наименование и адрес получателя письма

Номер и дата исходящего и входящего письма

Дата письма

Заголовок к тексту (Betreffzeile)

Вступительное обращение (Anrede)

Текст письма

Заключительная формула вежливости (Schlußformel)

Подпись (имя, отчество инициалами, фамилия)
Имя, отчество и фамилия отправителя письма печатным шрифтом
Должность м. п. (место печати)
Наименование фирмы

Отметка о наличии приложения (Anlagenvermerk)

Отметка о направлении копий в другие адреса (Verteilervermerk)

Типичные выражения в деловых письмах. Выучите их. 7

1 – Заголовки к тексту письма формулируются обычно так:

О заказе измерительных приборов
О поставке автопогрузчиков
Об изменении нашего контракта

2 – Типичные примеры вступительного обращения:

Уважаемые господа! (относится только к мужчинам)
Уважаемые дамы и господа! (относится к мужчинам и женщинам)
Уважаемый господин Рыбин!
Уважаемая госпожа Васильева!
Уважаемый Виктор Николаевич! (В данном случае фамилия
Уважаемая Нина Петровна! не употребляется)

3 – Типичные заключительные формулы:

С уважением
С глубоким уважением
Искренне Ваш (когда хорошо знаем адресата),

или текст письма оканчивается словами:

Благодарим Вас заранее и остаёмся с уважением
(подпись)

Ожидаем от Вас ответ до конца месяца/квартала/года
(подпись)

В ожидании Вашего ответа остаёмся с уважением
(подпись)

4 – Пример отметки о наличии приложения:

Приложение: 3 каталога
Тех. документация на 3 листах

5 – Пример отметки о направлении копии:

Копия: Заведующему нашим Минским филиалом
Заведующему отделом отправления

Предложение/Оферта

4

Прочитайте и переведите следующий текст.

1

Предложе́ние продавца́ о прода́же па́ртии това́ра на определённых усло́виях, напра́вленное возмо́жному покупа́телю, называ́ется также »офе́ртой«.

Различа́ют сле́дующие ви́ды предложе́ний:

1. *запро́шенное предложе́ние*, кото́рое представля́ет собо́й отве́т на запро́с клие́нта и
2. *незапро́шенное (инициати́вное) предложе́ние*, в кото́ром прода-ве́ц обраща́ется к покупа́телю/клие́нту по со́бственной инициати́ве.

При э́том обы́чно ука́зываются наименова́ние предлага́емого това́ра, коли́чество и ка́чество това́ра, цена́, срок поста́вки, усло́вия платежа́, род упако́вки и други́е усло́вия поста́вки в зави́симости от хара́ктера това́ра.

Приме́р/схе́ма

Уважа́емые господа́!

Мы мо́жем предло́жить Вам ....
(наименова́ние това́ра)

Коли́чество –
Ка́чество –
Упако́вка –
Усло́вия поста́вки –

Цена́ –
Срок поста́вки –
Усло́вия платежа́ –

С уважением

....
(Подпись)

При отве́те на предложе́ние, в слу́чае е́сли покупа́тель согла́сен со все́ми усло́виями предложе́ния, он подтвержда́ет его́ приня́тие продавцу́, и тогда́ сде́лка счита́ется заключённой.

Приня́тием предложе́ния явля́ется вы́дача зака́за и́ли заключе́ние контра́кта.

Ча́сто быва́ет так, что предложе́ние, напра́вленное продавцо́м, не отвеча́ет тре́бованиям покупа́теля и не принима́ется им. Отве́т покупа́теля, в кото́ром он выража́ет своё согла́сие заключи́ть сде́лку на усло́виях, отлича́ющихся от усло́вий офе́рты, признаётся но́вым предложе́нием. Тако́е но́вое предложе́ние называ́ется »контрофе́ртой«.

Контрофе́рта – э́то отве́т покупа́теля на предложе́ние продавца́, кото́рый свиде́тельствует о том, что покупа́тель хо́чет приня́ть предложе́ние, но то́лько с огово́рками.

Покупа́тель и продаве́ц веду́т перегово́ры до тех пор, пока́ не бу́дет дости́гнута по́лная договорённость обо всех основны́х элеме́нтах сде́лки.

В юриди́ческом отноше́нии предложе́ния подразделя́ются на:

1. *твёрдое предложе́ние*, теря́ющее си́лу по истече́нии определённого сро́ка и
2. *свобо́дное предложе́ние*, в кото́ром про́сто предлага́ются това́ры.

1 – Выучите новые слова и выражения.

различа́ть/различи́ть	unterscheiden
различённый, различе́ние	
разли́чие	Unterschied
твёрдое предложе́ние	verbindliches Angebot, Festangebot
теря́ть/потеря́ть	verlieren
поте́рянный, поте́ря	Verlust
си́ла	Stärke, Kraft, Gültigkeit
по истече́нии чего́	nach Ablauf von
свобо́дное предложе́ние	unverbindliches Angebot, freibleibendes Angebot

запрóшенное предложéние	verlangtes Angebot
инициатúвное/	
незапрóшенное предложéние	unverlangtes Angebot
сóбственный	eigener
инициатúва	Initiative
по инициатúве	auf Initiative
вид	Art
кáчество	Qualität, Beschaffenheit
ценá	Preis
колúчество	Menge
срок постáвки	Lieferfrist
замечáть/замéтить	bemerken
замéченный	
замечáние	Bemerkung
дáнные	Daten
нахóдить/найтú	finden
нáйденный, нахóдка	
оплáчивать/оплáтить	bezahlen
оплáченный	
оплáта	Bezahlung
упакóвка	Verpackung
контрофéрта	Gegenangebot
отвечáть трéбованиям	den Anforderungen entsprechen
отвéт	Antwort
выражáть/вы́разить соглáсие	Einverständnis zum Ausdruck bringen
вы́раженный, выражéние	
заключáть/заключúть	abschließen
заключённый	
заключéние	Abschluß
сдéлка	Geschäft, Abmachung, Vertrag, Abkommen
услóвие	Bedingung, Voraussetzung
услóвия платежá	Zahlungsbedingungen
принимáть/принять́	annehmen, akzeptieren
прúнятый	
принятие	Annahme
оговóрка	Einschränkung
с оговóрками	mit Klauseln, unter Vorbehalt

2 – Прочитайте следующие типовые фразы и тренируйте обратный перевод на немецкий или русский язык.

Мы прочита́ли Ва́ше объявле́ние.	Wir haben Ihre Anzeige gelesen.
Мы заинтересо́ваны в Ва́ших проду́ктах.	Wir sind an Ihren Produkten interessiert.
Мы про́сим Вас подро́бно информи́ровать нас.	Wir bitten sie, uns ausführlich zu informieren.
Подтвержда́ем получе́ние Ва́шего письма́ от . . .	Wir bestätigen den Empfang Ihres Briefes vom . . .
Благодари́м Вас за Ваш запро́с от 5 мая с. г. (сего́ года́).	Wir danken Ihnen für Ihre Anfrage vom 5. Mai dieses Jahres.
В отве́т на Ваш запро́с от . . . каса́тельно поста́вки . . .	In Beantwortung Ihrer Anfrage vom . . . betreffs der Lieferung von . . .
С удово́льствием де́лаем Вам сле́дующее предложе́ние.	Gern unterbreiten wir Ihnen folgendes Angebot.
При э́том высыла́ем Вам твёрдое предложе́ние на поста́вку запасны́х часте́й.	Anbei senden wir Ihnen ein Festangebot über die Lieferung von Ersatzteilen.
С э́той по́чтой высыла́ем Вам образцы́ (катало́ги и т. д.) . . .	Mit gleicher Post schicken wir Ihnen Muster (Kataloge usw.) . . .
Усло́вия поста́вки и платежа́ прилага́ются.	Die Liefer- und Zahlungbedingungen liegen bei.
Э́ти це́ны включа́ют перево́зку и страхова́ние до . . .	Diese Preise schließen Transport und Versicherung bis . . . ein.
Настоя́щее предложе́ние теря́ет си́лу по истече́нии трёх неде́ль с сего́дняшнего дня.	Dieses Angebot verliert seine Gültigkeit nach Ablauf von 3 Wochen ab dem heutigen Tag.
Вы уви́дите, что на́ши изде́лия са́мого высо́кого ка́чества.	Sie werden sehen, daß unsere Produkte von höchster Qualität sind.
В ожида́нии Ва́шего отве́та остаёмся с глубо́ким уваже́нием . . .	In Erwartung Ihrer Nachricht verbleiben wir hochachtungsvoll . . .

3 – Образуйте из каждого вышестоящего предложения два – три подобных примера.

Образец:

Мы прочита́ли Ва́ше объявле́ние.– Мы прочитали Ваш ано́нс.

4 – Вопросы к тексту.

1. Что тако́е »офе́рта«?
2. Каки́е ви́ды предложе́ний Вы зна́ете?
3. Как подразделя́ются предложе́ния в юриди́ческом отноше́нии?
4. Что ука́зывается в ка́ждом предложе́нии?
5. Как мо́жет вы́глядеть отве́т на предложе́ние?
6. Что Вы понима́ете под »контрофе́ртой«?

Образцы писем – Предложение 1

2

Уважаемые господа!

Несколько дней назад мы посетили торгового представителя Вашей страны и сделали запрос относительно фирм, которые занимаются импортом сантехники. Адрес Вашей фирмы был нам представлен среди прочих, и мы хотим обратиться к Вам с предложением.

Мы хотели бы поставлять одному или двоим главным импортёрам в Вашей стране нашу продукцию, которая очень популярна у нас и за рубежом.

Мы посылаем Вам в отдельном пакете образцы наших различных моделей вместе с экспортным прейскурантом.

Если Вас заинтересует наше предложение, мы были бы признательны Вам за быстрый по возможности ответ, с тем чтобы обсудить окончательные условия.

С уважением

Н. И. Татаринов

Предложение 2

Уважаемые дамы и господа!

Благодарим Вас за Вашу заявку от 21. 09. . . .

Одновременно посылаем Вам образец чайного сервиза, который Вы запрашивали. Мы можем предложить Вам это изделие на следующих условиях:

минимальный заказ: 10.000 штук
доставка: без оплаты при перевозке через границу
упаковка: бесплатно
оплата: безотзывным аккредитивом.

Мы будем очень рады получить Ваш заказ и гарантируем быстрое его выполнение.

С уважением

А. Д. Комарова

Приложение: 1 образец

Предложение 3

Уважаемые господа!

Благодарим Вас за Ваше предложение на телефонные аппараты. Однако, мы находим, что цена, которую Вы установили, не вполне приемлема для нас.

Если Вы скорректируете Ваши цены, снизив их на 5%, мы бы заказали 20.000 штук.

Просим сообщить, согласны ли вы с нашим предложением.

С уважением

К. С. Маслов

Предложение 4

Уважаемые господа!

Благодарим за Ваш запрос от 16.09. . . ., касающийся строительного дерева. Рады сообщить, что сегодня мы отправили Вам посылкой следующие образцы досок:

Сорт А – Сорт Б

Можем предложить 50 тонн сорта А по цене 200 долл. за тонну и 70 тонн сорта Б по цене 120 долл. за тонну. Обе цены включают стоимость доставки сиф[1]. Отгрузка может быть произведена из Одессы в течение трёх недель со дня получения Вашего заказа. Порядок платежа и другие условия включены в прилагаемую копию наших Общих Условий.

Эта оферта действительна лишь в том случае, если товар ещё не будет продан по получении Вашего ответа.

С уважением

Л. И. Момзяков

Приложение: копия Общих Условий

[1] сиф – стоимость, страхование, фрахт – Kosten, Versicherung, Fracht (s. Kap. 6)

Предложение 5

Уважаемые дамы и господа!

С целью удовлетворения общего спроса на промышленные ткани, имеющие хорошие свойства, мы приступили к производству новой водоотталкивающей ткани.

В приложении к этому письму Вы найдёте образец нового материала и каталог с указанием всех деталей возможного использования этой новой ткани.

Мы готовы принять пробные заказы, бланки для которых Вы найдёте в нашем каталоге. На все заказы, полученные до 03.07. . . . г., предоставляется скидка на 5%.

С уважением

Е. Ф. Костина-Паукова

Предложение 6

Уважаемые господа!

Сегодняшней почтой мы отправили Вам образец - пару лыжных ботинок, это новейшая модель нашей фабрики по производству зимней обуви.

Мы можем предложить эти ботинки всех ходовых размеров по ценам, указанным в прилагаемом прейскуранте. Вы заметите, что произошло некоторое повышение цен на ботинки больших размеров по сравнению с прошлогодними ценами. Это стало неизбежным в результате увеличения цен на материалы.

В ожидании Вашего ответа остаёмся

с уважением

Фирма »Спорт«

Упражнения 3

1 – Прочитайте внимательно предложения 1–6 и передайте коротко их содержание на немецком языке.

2 – Определите вид предложения каждого из писем (твёрдое предложение, свободное предложение, запрошенное предложение, незапрошенное предложение, контроферта).

3 – Прочитайте предложение 4. Найдите соответствующие части этого письма и напишите их в правильном порядке.

- Эта оферта действительна только в том случае, если товар ещё не будет продан по получении Вашего ответа.
- Уважаемые господа!
- Можем предложить 50 тонн досок сорта А по цене 200 долл. за тонну и 70 тонн сорта Б по цене 120 долл. за тонну.
- Благодарим за Ваш запрос от 16.09. . . ., касающийся строительного дерева.
- Отгрузка может быть произведена из Одессы в течение трёх недель со дня получения Вашего заказа.

- Приложение: копия Общих Условий
- Порядок платежа и другие условия включены в прилагаемую копию наших Общих Условий.
- Рады сообщить, что сегодня мы отправили Вам посылкой следующие образцы досок: Сорт А, Сорт Б.

4 – Найдите соответствия и соедините их линией.

Благодарим Вас за	это изделие.
Спасибо Вам за	Вашего ответа.
Одновременно посылаем Вам	Ваше письмо.
Мы можем предложить Вам	Ваш запрос.
С большим нетерпением ждём	интересующий Вас образец.

5 – Соедините линией русские выражения с их соответствиями на немецком языке.

В ответ на Ваш запрос от . . .	Wir bestätigen den Empfang Ihres Briefes.
Благодарим Вас за Ваш запрос.	Wir senden Ihnen ein Festangebot.
Подтверждаем получение Вашего письма.	Wir danken Ihnen für Ihre Anfrage.
Высылаем Вам твёрдое предложение.	Mit gleicher Post schicken wir Ihnen Muster . . .
С этой почтой высылаем Вам образцы . . .	Sie sind interessiert . . .
Вы заинтересованы . . .	In Beantwortung Ihrer Anfrage vom . . .

6 – Переведите на русский язык следующие предложения:

- Wir danken Ihnen für Ihren Brief vom 15. d. M.
- Gern unterbreiten wir Ihnen folgendes Angebot.
- Dieses Angebot verliert nach Ablauf von 4 Wochen ab dem heutigen Tag seine Gültigkeit.
- Wir fügen diesem Schreiben die Rechnung bei.
- Diese Preise schließen Transport und Versicherung ein.
- Wir freuen uns auf Ihren Probeauftrag.

Диалог

4

1 – Прочитайте диалог по ролям. Воспользуйтесь при этом помощью »переводчика«, роль которого возьмёт на себя один из участников курса.

Господи́н Гримм – представи́тель неме́цкой фи́рмы прие́хал в Москву́ для проведе́ния перегово́ров. В о́фисе фи́рмы »ЭЛЕКТРО́НИКА« он встреча́ется с господи́ном Комаро́вым и ведёт с ним коро́ткий разгово́р.

Herr Grimm:	Guten Tag, Herr Komarow! Ich freue mich, Sie wiederzusehen.
Господи́н Комаро́в:	Здра́вствуйте, господи́н Гримм, о́чень рад приве́тствовать Вас в Москве́. Как Вы дое́хали?
Herr Grimm:	Danke, gut. Der Flug war ausgezeichnet.
Господи́н Комаро́в:	Как Вам нра́вится Москва́?
Herr Grimm:	Ich bin zum ersten Mal hier. Moskau ist eine sehr interessante Stadt, aber ich habe noch fast nichts gesehen.
Господи́н Комаро́в:	В Москве́ мно́го достопримеча́тельностей, музе́ев, теа́тров. Сего́дня ве́чером я приглаша́ю Вас в Большо́й теа́тр на бале́т »Спарта́к«.

Herr Grimm:	Vielen Dank für Ihre Einladung. Ich nehme sie gern an. Leider habe ich sehr wenig Zeit, um alles zu besichtigen.
Господи́н Комаро́в:	Да, основно́е вре́мя мы проведём в о́фисе, обсужда́я с Ва́ми вопро́сы на́шего сотру́дничества. На э́то нам потре́буется о́коло трёх дней.
Herr Grimm:	Ich wollte mich vergewissern, ob Sie unser Angebot schon bekommen haben.
Господи́н Комаро́в:	Да, мы его́ получи́ли и о́чень заинтересо́ваны в Ва́ших изде́лиях. Мы хоте́ли бы купи́ть не́сколько моде́лей из Ва́шего катало́га.
Herr Grimm:	Wir freuen uns über Ihr Interesse an unseren Erzeugnissen.
Господи́н Комаро́в:	Мы согла́сны в це́лом с Ва́шими усло́виями. Ка́чество това́ра соотве́тствует на́шим тре́бованиям. Бы́ло бы хорошо́, е́сли бы Вы смогли́ сократи́ть сро́ки поста́вки.
Herr Grimm:	Diese Frage muß ich zuerst mit Herrn Wiener besprechen. Ich glaube aber, daß es möglich ist.
Господи́н Комаро́в:	Э́то бы́ло бы прекра́сно. Ско́лько Вам на э́то потре́буется вре́мени?
Herr Grimm:	Ich werde morgen mit Herrn Wiener telefonieren und Ihnen danach das Angebot unterbreiten.
Господи́ Комаро́в:	Отли́чно! Большо́е спаси́бо. Ну, тогда́ до ве́чера!
Herr Grimm:	Auf Wiedersehen!

2 – Как выразить удовлетворение условиями сотрудничества, осуществления сделки.

Модели:

Нам подходят эти условия.

Нас вполне	устраивают удовлетворяют	Ваши условия.

Ваши условия приемлемы для меня.

Мы	принимаем готовы принять	Ваши условия.

Мы согласны с Вашими условиями.

3 – Как сообщить собеседнику о времени, необходимом для определённой работы или операции.

Модели:

Это	займёт у Вас потребует от Вас	всего около не более не менее	два часа. двух часов.
На это	у Вас уйдёт Вам потребуется нужно	почти два дня.	
На это Вам	нужно необходимо потребуется придётся	выделить отвести оставить освободить потратить	около двух дней

4 – Восстановите ответные реплики микродиалогов, используйте представленные выше модели.

1. Скажите, пожалуйста, как быстро я могу получить кредит?

   ....

2. Простите, сколько времени занимает регистрация фирмы?

   ....

3. Извините, как Вы думаете, нам долго придётся оформлять этот договор?

   ....

4. Вы не скажете, сколько времени уйдёт на переговоры с Вашей фирмой?

   ....

5 – Как Вы понимаете следующие русские пословицы о времени? Есть ли в Вашем родном языке эквиваленты этих пословиц?

Вре́мя – де́ньги.
Вре́мя доро́же зо́лота.
Вре́мя не ждёт.
Делу́ вре́мя, поте́хе час.
Вре́мя – лу́чший сове́тчик.
Всему́ своё вре́мя.

Приведите примеры ситуаций из повседневной и деловой жизни, в которых можно употребить данные пословицы.

Грамматика

Zusammengesetzte Sätze mit »что« – daß; »который« – welcher; »сколько« – wieviel

1 – Заполните промежутки.

Пример: Мы знаем, ... Ваша фирма занимается поставками кассет.

Мы знаем, что Ваша фирма занимается поставками кассет.

1. Мы рады сообщить, . . . сегодня мы отправили Вам партию видеомагнитофонов.
2. Посылаем Вам образцы, . . . Вы запрашивали.
3. Сообщите срочно, . . . приборов будут высланы нам в этом месяце.
4. Заполните бланки заказов, . . . Вы найдёте в нашей брошюре.
5. Мы уверены, . . . Вы не пожалеете о сделанном.
6. Я рад обсудить с Вами финансовые проблемы, с . . . Вы сталкиваетесь.
7. Мы не знаем, . . . контейнеров нам нужно для поставки товара.

2 – Соедините предложения словом »который« в соответствующем падеже. Обращайте внимание на род существительного.

1. В нашей фирме работает инженер.
   а) Он приехал из Дании.
   б) Его зовут Нильс.
   в) Он хорошо говорит по-русски.

2. У меня есть предложение.
   а) Оно сформулировано в этом письме.
   б) Его я хочу Вам сделать.
   в) Оно написано на немецком языке.

3. Как зовут вашу переводчицу?
   а) Она работает в отделе маркетинга.
   б) Вы часто звоните ей.
   в) Вы были с ней у нас в офисе.
   г) Она свободно говорит по-немецки.

3 – Ответье на вопросы, употребив при этом слово »который«.

Пример: Кто такой студент?
Студент – это человек, который учится в университете.

Кто такой рабочий?
Кто такой инженер?
Кто такой продавец?
Кто такой покупатель?
Кто такая переводчица?
Что такое фирма по экспорту?
Что такое фирма по импорту?

Грамматика 6

Manchmal werden in Geschäftsbriefen *indirekte Fragesätze* mit »ли« – »ob« gebraucht (bei Zweifeln).

Oft fangen diese Sätze so an: Сообщите, . . .
Скажите, . . .
Дайте нам знать, . . .
Напишите, . . .
Телеграфируйте, . . .

1 – Перестройте прямые вопросительные предложения в косвенные с частицей »ли«.

Пример: Вы пришлёте нам Ваше предложение?
Напишите, пришлёте ли Вы нам Ваше предложение?

1. Мы подпишем договор в этом году?
2. Мы сможем с Вами достигнуть соглашения на этой основе?
3. Вы пришлёте нам заказанные каталоги?
4. Вы заинтересованы в наших изделиях?

5. Вам в целом подходит наше предложение?
6. Вы согласны с предложенной нами ценой?
7. Вашей фирме подходят сроки поставки?
8. Вы хотите купить наши продукты?
9. Мы можем заказать у Вас 20 тонн стальной проволоки?
10. Вы получили нашу контроферту?

Практические упражнения по теме »Предложение« 7

1 – Прочитайте!

Sie arbeiten in einer Firma, die Spielzeug aus aller Welt importiert und bekommen ein Schreiben von einem russischen Spielzeughersteller aus Novgorod. Lesen Sie und erzählen sie auf deutsch, was im Brief steht.

Уважаемые господа!

Три года тому назад мы поставили Вам несколько партий игрушек и новинок, производимых нашей фабрикой в г. Новгороде.

Наш ассортимент значительно расширился и мы прилагаем к этому письму наш последний каталог и прейскурант.

Покупатели сообщают нам, что по сравнению с цифрами прошлого года продажа увеличилась, и мы были бы очень рады получить новые заказы от Вас. Мы уверены, что наши товары могут конкурировать как по цене, так и по качеству с аналогичными товарами, предлагаемыми американскими и европейскими производителями.

С уважением

Александров

Приложение: каталог

2 – Напишите!

Составьте самостоятельно ответ русской фирме и сообщите в нём следующие факты:

1. Wir bestätigen den Empfang Ihres Angebotes.
2. Auch teilen wir Ihnen mit, daß wir die Kataloge empfangen haben.
3. Wir sind am Angebot interessiert und mit den Preisen einverstanden.
4. Wir schicken anbei einen Probeauftrag.

Achten Sie auf den richtigen Aufbau und die genaue Ausführung des Briefes!

3 – Работайте самостоятельно!

Sie arbeiten in einer Firma, die Täschnerwaren herstellt. Machen Sie der russischen Handelsvertretung in Deutschland ein Angebot für den Absatz Ihrer Produkte in Rußland.

1. Sie möchten gern Ihre Produkte vorstellen.
2. Ihre Produkte haben gute Qualität und sind in Europa sehr begehrt.
3. Ihre Firma bezieht das beste Leder aus Argentinien[1] und garantiert die Qualität der Erzeugnisse.
4. Machen Sie Angaben über die Preise und die Lieferfristen.
5. Drücken Sie die Hoffnung aus, daß Ihr Angebot dem russischen Partner interessant erscheint.
6. Beenden sie den Brief mit der Bitte um baldige Nachricht.

[1] Leder aus Argentinien – кожа из Аргентины

Заказ, подтверждение и сторнирование заказа, контракт 5

Заказ 1

1 – Прочитайте и переведите следующий текст.

Пе́ред вы́дачей зака́за покупа́тель рассма́тривает и сра́внивает не́которые предложе́ния ра́зных фирм. Зака́з на осно́ве твёрдого предложе́ния приво́дит к контра́кту, а зака́з по со́бственной инициати́ве покупа́теля приво́дит к контра́кту то́лько по́сле подтвержде́ния его́ продавцо́м. Возмо́жна вы́дача зака́за у́стно (по телефо́ну) и́ли пи́сьменно (письмо́, те́лекс, телефа́кс).

Различа́ют ра́зные ви́ды зака́за:

- пе́рвый заказ – установле́ние деловы́х отноше́ний ме́жду двумя́ фи́рмами на осно́ве зака́за
- дополни́тельный зака́з – повто́рный зака́з для тех же проду́ктов
- про́бный зака́з – целесообра́зен для прове́рки ка́чества проду́ктов и возмо́жности их реализа́ции на ры́нке (спро́са на ры́нке), а та́кже надёжности продавца́
- постоя́нный зака́з – поста́вка това́ров в определённых коли́чествах с определённым интерва́лом
- сде́лка на срок – заключа́ется в слу́чае, е́сли тре́буется поста́вка до определённого сро́ка и е́сли поста́вка по́сле э́того явля́ется бесполе́зной.

При оформле́нии зака́за сле́дует обраща́ть большо́е внима́ние на его́ то́чность и я́сность. Зака́з до́лжен содержа́ть то́чные указа́ния относи́тельно това́ра, коли́чества и цены́ за коли́чество, ка́чества, цве́та, разме́ров и/и́ли габари́тов, а та́кже тре́бования относи́тельно поста́вки, упако́вки, спо́соба транспортиро́вки и усло́вий платежа́. Ча́сто употребля́ется печа́тный бланк для зака́зов, кото́рый отправля́ется вме́сте с сопроводи́тельным письмо́м.

2 – Запомните гнездо слова »заказ«.

	зака́з	– *Auftrag, Bestellung, Lieferauftrag*
	зака́зывать/заказа́ть	– *bestellen, Auftrag erteilen*
	зара́нее зака́зывать	– *vorbestellen, im voraus bestellen*
	зака́занные това́ры	– *bestellte Ware(n)*
	зака́зчик	– *Besteller, Auftraggeber, Kunde*
но:	*заказно́е письмо́*	– *Einschreibebrief*

3 – Выучите новые слова и выражения.

выдава́ть/вы́дать	erteilen (Auftrag), ausstellen (Dokument), aushändigen, überreichen
вы́данный това́р	ausgelieferte Ware
вы́дача зака́за	Auslösen einer Bestellung, Auftragserteilung
рассма́тривать/рассмотре́ть	betrachten, einschätzen, prüfen, erörtern, behandeln
рассмо́тренное предложе́ние	das geprüfte Angebot
рассмотре́ние бюдже́та	Prüfung des Budgets, des Haushaltes
подтвержде́ние получе́ния	Eingangsbestätigung
устана́вливать/установи́ть	herstellen, einführen, anknüpfen, montieren
устано́вленные це́ны	festgesetzte Preise
установле́ние конта́ктов	Kontaktaufnahme
пе́рвый зака́з	Erstauftrag, Erstbestellung
дополни́тельный зака́з	Nachbestellung
про́бный зака́з	Testbestellung
постоя́нный зака́з	Dauerauftrag
проверя́ть/прове́рить	prüfen, überwachen, durchsehen
прове́ренные разме́ры	geprüfte Abmessungen
прове́рка ка́чества	Qualitätsprüfung
реализа́ция	Absatz
возмо́жность реализа́ции това́ров на ры́нке	Marktgängigkeit (von Waren), Absatzfähigkeit

определённый интервáл	bestimmter Zeitabstand
сдéлка на срок	Termingeschäft
безполéзный	nutzlos
оформля́ть/офóрмить	ausstellen, anfertigen (Beleg); abfassen (Schriftstück); erledigen (Formalitäten); regeln, vorschriftsmäßige Form geben, gestalten
офóрмленный, оформлéние	
обращáть/обрати́ть	(hin-, zu-)wenden, lenken, richten, verwandeln (in)
обращáть/обрати́ть внимáние на (что)	Aufmerksamkeit widmen
обращённый, обращéние	
тóчность, -и	Genauigkeit
я́сность, -и	Klarheit
укáзывать/указáть	angeben, (hin)weisen (auf), sich beziehen (auf)
укáзанные услóвия	angegebene Bedingungen
указáние	Angabe, Hinweis, Anweisung, Anleitung, Vorschrift
относи́тельно (чего)	bezüglich, hinsichtlich
печáтный бланк для закáзов	vorgedrucktes Bestellformular
сопроводи́тельное письмó	Begleitschreiben

4 – Ответье на вопросы к тексту, используя при этом новые слова.

1. Когда заказ приводит к контракту?
2. О каких видах заказа рассказывается в тексте?
3. Опишите их коротко.
4. Назовите некоторые позиции относительно товара, которые должен содержать заказ.

5 – Упражнения

Прочитайте следующие письма и передайте их содержание на немецком языке.

1.

Уважаемый господин Кайзер!

После визита нашего представителя, господина Макарова, в Вашу фирму две недели тому назад, когда ему была показана Ваша коллекция весенних моделей, мы решили сделать на них пробный заказ.

Все подробности, касающиеся моделей, расцветок и размеров, даются в прилагаемом бланке заказа н-р 21.

Так как сезон приближается, эти товары должны быть поставлены точно к концу мая на условиях ФОБ Лондон.

С условиями платежа, которые Вы назначили г-ну Кузнецову, а именно указанные цены минус 3% в случае оплаты в течение 30 дней, мы согласны в этом конкретном случае. В будущем мы хотели бы, чтобы Вы предоставили нам обычный кредит, а именно на трёхмесячный срок.

Просим подтвердить получение данного заказа.

С уважением

Б. С. Кулаков

Приложение

назначать/назначить	festlegen, festsetzen, bestimmen
коллекция весенних моделей	Frühjahrskollektion
расцветка	Farbpalette, Farbsortiment

2.

Уважаемые дамы и господа!

Мы благодарим Вас за Ваше письмо от 20-го июля, приложенные проспекты и образцы рекламных изделий. Графическое исполнение последних и технические возможности Вашей фирмы нам очень понравились.

В поисках изготовителя рекламных изделий для нашей фирмы, мы хотели бы вступить в деловые отношения с Вами. Мы тщательно рассмотрели Ваше предложение и согласны с указанными в нём условиями платежа и поставки.

Мы этим хотели бы дать Вам первый заказ на пластиковые мешочки, шариковые ручки и блокноты (см. прилагаемый бланк заказа), напечатанные с наименованием и эмблемой нашей фирмы. Для печатания изделий воспользуйтесь, пожалуйста, прилагаемыми образцами наименования и эмблемы. Перед исполнением общего заказа направьте нам, пожалуйста, по одному образцу.

Относительно нашей репутации Вы можете обратиться к фирме Блучип ГмбХ из Майнца, с которой мы поддерживаем деловые контакты на протяжении многих лет.

Мы надеемся, что этот заказ поведет к дальнейшим торговым сделкам.

С уважением

В. Н. Новиков

Приложения

рекламные изделия	Werbeartikel
в поисках	auf der Suche
пластиковый мешочек	Plastikbeutel
шариковая ручка	Kugelschreiber
блокнот	Schreibblock
эмблема фирмы	Firmenlogo
наименование фирмы	Firmenname

6 – Прочитайте следующие типовые фразы и тренируйте обратный перевод на немецкий или русский язык.

Вступи́тельные предложе́ния

1. С благода́рностью подтвержда́ем получе́ние Ва́шего предложе́ния от 27-го ию́ля.	Mit Dank bestätigen wir den Erhalt Ihres Angebotes vom 27. Juli.
2. Благодари́м Вас за предложе́ние от 3-го ма́рта на те́нисные мячи́ и раке́тки, кото́рое мы ра́ды приня́ть.	Wir danken Ihnen für Ihr Angebot vom 3. März über Tennisbälle und Tennisschläger, das wir gern annehmen.
3. Ва́ше предложе́ние вполне́ удовлетворя́ет/устра́ивает нас.	Ihr Angebot stellt uns vollkommen zufrieden.
4. Пожа́луйста, рассма́тривайте э́то письмо́ как наш официа́льный зака́з.	Bitte betrachten Sie diesen Brief als unsere offizielle Bestellung.
5. Зака́зываем упомя́нутые маши́ны на усло́виях, ука́занных в Ва́шем предложе́нии.	Wir bestellen die genannten Maschinen zu den in Ihrem Angebot angegebenen Bedingungen.
6. В отве́т на Ва́ше письмо́ от 10-го ма́я мы вы́брали нижесле́дующее для про́бного зака́за:	Als Antwort auf Ihr Schreiben vom 10. Mai haben wir folgendes als Probeauftrag ausgewählt:
7. Так как мы име́ли успе́х с Ва́шими това́рами, то мы мо́жем сего́дня дать Вам дополни́тельный зака́з.	Da wir mit Ihren Waren Erfolg hatten, sind wir in der Lage, heute eine Nachbestellung auszulösen.
8. Тща́тельно рассмотре́в Ва́ше предложе́ние, мы зака́зываем у Вас сле́дующие това́ры:	Nach sorgfältiger Prüfung Ihres Angebots bestellen wir bei Ihnen folgende Waren:
9. Зака́з соста́влен в соотве́тствии с Ва́шим предложе́нием.	Die Bestellung ist entsprechend Ihrem Angebot zusammengestellt.

10. Мы мóжем дать Вам закáз тóлько на э́том услóвии.	Wir können Ihnen den Auftrag nur unter dieser Bedingung erteilen.

Спецификáции, услóвия

1. Кáчество товáра должнó соответствовать образцáм.	Die Qualität der Ware muß den Mustern entsprechen.
2. Вы́шлите товáры тогó же кáчества, как и в прóшлом квартáле.	Senden Sie Waren derselben Qualität wie im vergangenen Quartal.
3. В прилагáемом спи́ске укáзано коли́чество на кáждый размéр модéли.	Aus dem beigefügtem Verzeichnis können Sie die Anzahl pro Modellgröße ersehen.
4. Мы мóжем дать Вам закáз тóлько в слу́чае, éсли Вы сни́зите цену́ на 10 процéнтов.	Wir können Ihnen den Auftrag nur erteilen, wenn Sie den Preis um 10% Prozent senken.
5. Мы хотéли бы заказáть у Вас 200 штук полотéнец, если бы Вы смогли́ пойти́ нам навстрéчу в отношéнии цены́.	Wir würden gern 200 Handtücher bei Ihnen bestellen, wenn Sie uns in bezug auf den Preis entgegenkommen könnten.
6. Прóсим обрати́ть осóбое внимáние на прóчную упакóвку.	Achten Sie bitte besonders auf stabile Verpackung.
7. Бóлее подрóбные инстру́кции относи́тельно упакóвки и маркирóвки мы отпрáвим по получéнии подтверждéния закáза.	Genaue Anweisungen bezüglich Verpackung und Beschriftung schicken wir, sobald wir die Bestätigung der Bestellung erhalten haben.
8. Товáр дóлжен быть постáвлен/отпрáвлен не позднéе концá слéдующего мéсяца.	Die Ware muß bis spätestens Ende nächsten Monats geliefert/geschickt werden.

9. Про́сим Вас поста́вить зака́занный това́р как мо́жно скоре́е.	Wir bitten um schnellstmögliche Lieferung der bestellten Ware.
10. Платёж осуществля́ется посре́дством инка́ссо.	Die Bezahlung erfolgt per Inkasso.
11. Мы сохраня́ем за собо́й пра́во аннули́ровать зака́з, е́сли Вы не смо́жете доста́вить това́р до 31-го мая.	Wir behalten uns das Recht vor, den Auftrag zu stornieren, wenn Sie die Ware nicht bis zum 31. Mai liefern können.

Приме́ры заключи́тельных предложе́ний

1. Про́сьба тща́тельно соблюда́ть на́ши инстру́кции.	Bitte halten Sie sich genau an unsere Anweisungen.
2. Сообщи́те, пожа́луйста, когда́ това́ры мо́гут быть доста́влены.	Teilen Sie bitte mit, wann die Waren geliefert werden können.
3. Мы бы́ли бы о́чень ра́ды, е́сли бы Вы смогли́ доста́вить това́ры незамедли́тельно.	Wir würden uns freuen, wenn Sie die Waren unverzüglich liefern könnten.
4. За бы́строе выполне́ние на́шего зака́за мы бы́ли бы Вам очень благода́рны.	Für die schnelle Ausführung unseres Auftrags wären wir Ihnen sehr dankbar.
5. Мы рассчи́тываем на своевре́менное выполне́ние настоя́щего зака́за.	Wir rechnen auf pünktliche Ausführung des vorliegenden Auftrags.

7 – Напишите следующие предложения в правильном порядке.

Уважаемые господа!

- Качество столов должно точно соответствовать образцам, которые Вы показали на ярмарке в Москве.
- Предложение в целом подходит нам.

- Просим подтвердить принятие настоящего заказа.
- Предлагаемые Вами сроки поставки нас не удовлетворяют.
- Мы ссылаемся на Ваше твёрдое предложение от 23-его марта на поставку специальных столов для компьютеров.
- Платёж производится посредством безотзывного и подтверждённого аккредитива.
- На его основании мы заказываем у Вас 250 столов для компьютеров чёрного цвéта и 250 столов в сосновом исполнении.
- Товары должны быть доставлены к концу следующего месяца.

С уважением

стол для компьютера	Computertisch
безотзывный и подтверждённый аккредитив	unwiderrufliches und bestätigtes Akkreditiv
сосновое исполнение	Kieferausführung

8 – Образуйте предложения со следующими глаголами и словом »заказ«.

давать/дать
составлять/составить
подписывать/подписать
передавать/передать
пересылать/переслать
отправлять/отправить
подтверждать/подтвердить
выполнять/выполнить
аннулировать

} заказ

9 – Дополните следующее письмо нижестоящими словами в правильной грамматической форме.

Уважаемые дамы и господа!

С .... подтверждаем .... Вашего предложения от 16 ноября и .... протокола химического анализа слюдяного порошка (Glimmerpulver).

Мы были очень .... его качеством и решили сделать заказ на 2 т мелкозернистого (feinkörnig) слюдяного порошка крупности частиц (Korngröße) 0,2 мм и на 500 кг слюдяного порошка крупности частиц 0,05 мм того же ...., как указано в выше упомянутом ....

Мы узнали из Вашего ...., что цены .... франко-вагон ... германо-польской .... Так как порошок нам нужен очень срочно, пожалуйста, примите ...., чтобы ускорить ....

Если не всё .... порошка у Вас есть на ...., то пошлите первую .... не позже 15 декабря.

Мы можем выдать Вам заказ только при соблюдении .... Просим Вас .... этот заказ по телеграфу сразу по его получении.

С уважением

поставка, пониматься, это условие, протокол, благодарность, склад, подтвердить, качество, предложение, граница, количество, часть партии, получение, прилагать, доволен, мера.

10 – Переведите следующий заказ на русский язык, используя нижеприведённые слова и словосочетания.

> Sehr geehrte Herren,
>
> Wir danken Ihnen für Ihre Kataloge sowie Ihr Angebot vom 29. September. Wir haben das Angebot geprüft und möchten eine Probebestellung aufgeben. Die entsprechenden Artikelnummern und Mengenangaben finden Sie in beiliegendem Bestellformular.
>
> Wenn sich die Meßgeräte (измерительные приборы) gut verkaufen lassen, werden wir bald eine Nachbestellung aufgeben.
>
> Bitte sorgen Sie für eine sorgfältige Verpackung. Wir erwarten die Lieferung bis spätestens 15. November.
>
> Mit freundlichen Grüßen
>
> Anlagen

благодарить (кого) за (что)
проверить предложение
номер товара, прилагаемый бланк заказа
в случае, если . . ., спрос на рынке (на что)
дать дополнительный заказ
обратить внимание (на что)
ожидать
поставка не позднее (чего)

11 – Найдите вместе с Вашим партнёром по возможности 2 варианта и скажите на русском языке, что:

- Sie sich für den Brief (Katalog) bedanken
- Sie den Empfang des Angebotes bestätigen
- Sie mit dem Angebot zufrieden sind
- Sie die Zahlungs- und Lieferbedingungen der Lieferfirma akzeptieren

- Sie auf der Grundlage des Angebots eine Bestellung auslösen möchten
- die Qualität der Ware dem Muster entsprechen soll
- Sie Änderungswünsche bezüglich der Lieferfrist haben
- Sie bitten, einen Preisnachlaß von 10% zu gewähren
- Sie den Auftrag nur dann erteilen, wenn die Lieferung bis Ende des ersten Quartals erfolgen kann
- Sie um schnellste Bestätigung des Auftrags bitten
- Sie beabsichtigen, eine Nachbestellung aufzugeben, wenn sich die Waren gut verkaufen lassen
- Sie sich freuen, mit der Firma in Geschäftsbeziehungen zu treten

Подтверждение и сторнирование заказа 2

1 – Прочитайте и переведите следующий текст.

Безогово́рочное приня́тие зака́за продавцо́м и́ли вы́дача зака́за на осно́ве твёрдого предложе́ния означа́ют вступле́ние контра́кта о заку́пке това́ров в си́лу.

В слу́чае вы́дачи зака́за у́стным путём, по телефо́ну и́ли телета́йпу/телефа́ксу во избежа́ние недоразуме́ний сле́дует посла́ть пи́сьменное подтвержде́ние зака́за зака́зчиком.

Продаве́ц мо́жет та́кже вы́слать зака́зчику письмо́-подтвержде́ние для выраже́ния благода́рности и завере́ния в выполне́нии зака́за к по́лному удовлетворе́нию зака́зчика. Кро́ме того́, он мо́жет вы́разить наде́жду на то, что покупа́тель бу́дет дово́лен това́рами.

По возмо́жности подтвержде́ние зака́за высыла́ется с извеще́нием об отпра́вке, что́бы проинформи́ровать покупа́теля о поста́вке това́ров (указа́ния о том, как и когда́ поставля́ются това́ры).

При больши́х зака́зах письмо́-подтвержде́ние фи́рмы-поставщика́ обы́чно соде́ржит о́бщие усло́вия сде́лки, как наприме́р:

- срок для предъявле́ния реклама́ции
- огово́рки об усло́виях переда́чи пра́ва со́бственности на това́р
- се́рвис
- отве́тственность за ка́чество това́ра.

Иногда́ непредусмо́тренные обстоя́тельства вынужда́ют зака́зчика сторни́ровать свой зака́з. Таки́е обстоя́тельства мо́гут появля́ться, наприме́р, в слу́чае
- е́сли продаве́ц не выполня́ет свои́ обяза́тельства (как, напр., просро́чка поста́вки)
- оши́бочной вы́дачи зака́за
- кра́йне незначи́тельного спро́са на зака́занные това́ры
- повыше́ния по́шлины.

По определённым причи́нам продавцу́ прихо́дится отка́зываться от приня́тия зака́за, как наприме́р:
- това́ров в да́нное вре́мя нет на скла́де
- несогла́сие с тре́бованиями зака́зчика
- зака́занные това́ры уже́ бо́льше не изготовля́ются
- проду́кция продана́ на 5 ме́сяцев вперёд.

2 – Запомните следующие новые слова.

письмо́-подтвержде́ние	Bestätigungsbrief, schriftliche Bestätigung
контра́кт о заку́пке това́ров	Kaufvertrag
благода́рность, -и	Dankbarkeit
заверя́ть/заве́рить	versichern, beteuern, beglaubigen
завере́ние	Beglaubigung, Bestätigung, Beteuerung
по́лное удовлетворе́ние	völlige Zufriedenheit
соединя́ть/соедини́ть (что с чем)	verbinden, kombinieren
соединённый, соедине́ние	
извеще́ние об отпра́вке	Versandanzeige, Versandavis
срок для предъявле́ния реклама́ции	Reklamationsfrist
переда́ча прав со́бственности	Eigentumsübertragung
се́рвис	Kundendienst, Service

отве́тственность, -и	Haftung, Verantwortung
сторни́ровать	stornieren, annullieren
сторни́рование зака́за	Stornierung, Annullierung der Bestellung
обстоя́тельство	Umstand, Verhältnisse
вынужда́ть/вы́нудить (кого-что)	zwingen
вы́нужденный, вынужде́ние	
обяза́тельство	Verpflichtung
догово́рные обяза́тельства	vertragliche Verpflichtungen
просро́чка поста́вки	Lieferfristüberschreitung
по́шлина	Zoll
отка́зываться/отказа́ться (от чего)	ablehnen, verzichten
отка́з	
покрыва́ть/покры́ть спрос	Bedarf decken

3 – Ответье на следующие вопросы к тексту, используя новые слова.

1. В каки́х слу́чаях тре́буется пи́сьменное подтвержде́ние зака́за?
2. Что мо́жет вы́разить письмо́-подтвержде́ние, е́сли контра́кт уже́ вступи́л в си́лу?
3. Каки́е усло́вия сде́лки мо́жет содержа́ть письмо́-подтвержде́ние при больши́х зака́зах?
4. Каки́е причи́ны мо́гут привести́ к сторни́рованию зака́за?

4 – Прочитайте следующие образцы писем и дайте им короткие заголовки.

Уважаемые господа!

Мы получили Ваш заказ № 56 на прецизионные весы и подтверждаем, что приложим все усилия, чтобы выполнить заказ как можно скорее. Проформа счета-фактуры прилагается, чтобы предоставить Вам возможность произвести платеж в Вашем банке.

Как только мы получим уведомление от нашего банка, что аккредитив открыт, мы направим Вам товар без задержки.

С глубоким уважением

Уважаемые господа!

Мы подтверждаем получение Вашего письма от 4-го июля и просим Вас принять наш заказ на 3 насосные машины. Мы согласны с назначенными Вами ценами.

Доставка должна быть осуществлена по вышеуказанному адресу к 31-му августа. Поскольку Вы ничего не упомянули о гарантийном сроке, который обычно предоставляется при поставке машин, мы хотели бы попросить Вас дать нам двухгодичный срок гарантии, в течение которого Вы были бы обязаны выполнять любые ремонтные работы бесплатно.

Мы были бы рады, если бы Вы известили нас о получении нашего заказа и Вашем мнении о наших условиях.

С уважением

Уважаемые дамы и господа!

Мы с большим сожалением узнали из Вашего письма от 2-го октября, что Вы не сможете выполнить наш заказ № 26 в течение указанного времени.

Задержка в несколько месяцев, о которой Вы упоминаете, для нас неприемлема, так как это означает, что мы не получим товары к летнему сезону.

Нам ничего не остается, как только, к сожалению, аннулировать заказ.

С уважением

Уважаемые дамы и господа!

В Вашем письме от 7-го января Вы просите о внесении изменений в нашу оферту от 21-ого декабря относительно условий платежа.

Мы должны проинформировать Вас о том, что Ваши условия платежа для нас, к сожалению, неприемлемы.

Если Вы будете настаивать на упомянутых выше изменениях, мы будем вынуждены отказаться от Вашего заказа.

С глубоким уважением

Уважаемые господа!

Мы с благодарностью подтверждаем получение заказа, датированного 16 июня, и сообщаем, что отправка будет осуществлена на пароходе »Квин Элизабет«, который должен отплыть из Гамбурга 1-ого сентября. Это соответствует времени, обусловленному Вами.

Наш банк подтвердил получение Вашего векселя. Для последующих сделок мы с удовольствием предоставим Вам кредитные условия и квартальный расчет. Ваш максимальный кредит составит сумму 6000 долларов.

С уважением

5 – Прочитайте следующие типовые фразы и тренируйте обратный перевод на немецкий или русский язык.

Вступи́тельные предложе́ния

1. Мы с благода́рностью подтвержда́ем получе́ние Ва́шего зака́за, дати́рованного 30-ого ию́ля и сообща́ем, что . . .	Wir bestätigen dankend den Erhalt Ihrer Bestellung vom 30. Juli und teilen Ihnen mit, daß . . .
2. Благода́рим Вас за зака́з н-р 67, полу́ченный 15-ого ма́рта на 150 штук магнитофо́нов.	Wir danken Ihnen für Ihre Bestellung Nr. 67 vom 15. März über 150 Radiorekorder.
3. Ваш зака́з н-р 42 был полу́чен 18-ого ноября́, и мы с удово́льствием подтвержда́ем, что копирова́льные аппара́ты гото́вятся.	Wir haben Ihre Bestellung Nr. 42 am 18. November erhalten und können Ihnen bestätigen, daß die Kopiergeräte vorbereitet werden.
4. В подтвержде́ние к на́шему телефо́нному разгово́ру от 9-го сентября́ мы прилага́ем наш официа́льный зака́з на 100 штук ла́зерных при́нтеров.	In Bestätigung unseres Telefongesprächs vom 9. September legen wir unsere offizielle Bestellung über 100 Laserdrucker bei.

Цены

1. Мы сожале́ем, что не мо́жем предоста́вить Вам жела́емую ски́дку в разме́ре 5%.	Wir bedauern, den gewünschten Preisnachlaß von 5% nicht gewähren zu können.
2. Мы не мо́жем согласи́ться с тре́буемой в Ва́шем зака́зе ски́дкой на 5% при нали́чном платеже́.	Wir können uns mit dem in Ihrem Auftrag geforderten Skontoabzug von 5% nicht einverstanden erklären.
3. Мы счита́ем це́ны очень высо́кими, но . . .	Wir finden die Preise sehr hoch, aber . . .
4. Цена́, кото́рую Вы назнача́ете, веро́ятно, помеша́ет заключе́нию сде́лки.	Der Preis, den Sie berechnen, wird den Abschluß des Geschäftes wahrscheinlich verhindern.

Поста́вка

1. Сообщи́те нам, пожалу́йста, согла́сны ли Вы на платёж при поста́вке това́ра.	Teilen Sie uns bitte mit, ob Sie mit Zahlung bei Lieferung der Ware einverstanden sind.
2. Това́ры бу́дут поста́влены в нача́ле января́.	Die Waren werden Anfang Januar geliefert.
3. Мы наде́емя вско́ре поста́вить това́р.	Wir hoffen, bald liefern zu können.
4. Мы постара́емся поста́вить това́р в тече́ние сле́дующей неде́ли.	Wir werden uns bemühen, den Artikel im Laufe der nächsten Woche zu liefern.
5. Поста́вка не мо́жет осуществи́ться в э́том ме́сяце, так как мы в да́нное вре́мя перегру́жены зака́зами.	Die Lieferung kann nicht in diesem Monat erfolgen, da wir gegenwärtig mit Aufträgen überhäuft sind.

6. Вследствие большо́го спро́са мы не мо́жем вы́слать Вам това́ры до конца́ кварта́ла.	Infolge der großen Nachfrage können wir Ihnen die Waren nicht vor Quartalsende schicken.

Заключи́тельные предложе́ния

1. Мы вы́полним Ваш зака́з бы́стро и в соотве́тствии с Ва́шими инстру́кциями.	Wir werden Ihre Bestellung schnell und gemäß Ihren Anweisungen ausführen.
2. Мы бу́дем вся́чески стара́ться ускóрить выполне́ние Ва́шего зака́за.	Wir werden uns in jeder Weise bemühen, die Ausführung Ihres Auftrages zu beschleunigen.
3. Мы про́сим извини́ть нас за заде́ржку при исполне́нии Ва́шего зака́за.	Wir bitten um Entschuldigung wegen der Verzögerung in der Ausführung Ihres Auftrages.
4. Мы о́чень ра́ды вступи́ть в деловы́е конта́кты с Ва́ми.	Wir freuen uns, mit Ihnen in Geschäftsverbindung zu treten.

Аннули́рование и отка́з зака́за

1. Настоя́щим письмо́м я хоте́л бы сторни́ровать мой зака́з от 11-ого февраля́.	Mit diesem Schreiben möchte ich meinen Auftrag vom 11. Februar stornieren.
2. К сожале́нию, нам прихо́дится/мы вы́нуждены аннули́ровать наш зака́з от 24-ого марта по причи́не/всле́дствие/по слу́чаю (чего) . . .	Leider sind wir genötigt/gezwungen, unsere Bestellung vom 24. März zu stornieren wegen . . .
3. Я вы́нужден проси́ть Вас аннули́ровать мой зака́з от 12-го а́вгуста, так как значи́тельные коли́чества э́тих това́ров ещё нахо́дятся у меня́ на скла́де.	Ich bin gezwungen, Sie um Stornierung meines Auftrages vom 12. August zu bitten, da ich noch beträchtliche Mengen dieser Waren auf Lager habe.

4. Ваш зака́з не мо́жет быть вы́полнен в свя́зи с тем, что мы за́няты исполне́нием други́х зака́зов.	Ihr Auftrag kann deshalb nicht ausgeführt werden, weil wir mit der Erledigung anderer Aufträge beschäftigt sind.
5. Мы вы́нуждены отклони́ть Ваш зака́з, так как э́ти това́ры уже́ все распро́даны.	Wir müssen Ihren Auftrag ablehnen, weil diese Waren schon alle ausverkauft sind.
6. Мы очень сожале́ем, что не мо́жем испо́лнить Ваш зака́з, потому́ что не продаём в креди́т.	Wir bedauern sehr, daß wir Ihren Auftrag nicht ausführen können, weil wir nicht auf Kredit verkaufen.

6 – Дополните следующее письмо, используя для этого нижестоящие глаголы в правильной грамматической форме.

Уважаемые господа!

Должны .... Вас о том, что мы .... принять заказанный нами товар.

К сожалению, Вы не .... дополнительные сроки поставки, ... нами в нашем письме от .... Из-за этого мы были .... обратиться к другим поставщикам, чтобы .... нашу нужду в данной продукции.

.... к письму счет за дополнительные расходы, вызванные этим обстоятельством, и .... Вас немедленно .... сумму, указанную в счёте.

С уважением

Приложение: 1 счёт

(прилагать, предоставить, проинформировать, покрыть, просить, вынудить, выслать, отказываться, соблюдать, 27 мая)

7 – Найдите подходящие к существительным глаголы и образуйте с ними предложения.

высылать/выслать	деловые контакты
подписывать/подписать	цены
рассматривать/рассмотреть	представителя
поставлять/поставить	каталог
излагать/изложить	товары
поддерживать/поддержать	машины
аннулировать	получение письма
снижать/снизить	договор
приглашать/пригласить	предложение
производить/произвести	положения сделки
подтверждать/подтвердить	заказ

8 – Придумайте подходящие дополнения к следующим предложениям.

1. Подтверждаем получение Вашего заказа и . . .
2. Мы получили Ваше вчерашнее письмо с . . .
3. Сообщите, пожалуйста, согласны ли Вы с . . .
4. Мы были бы очень рады, если бы Вы смогли . . .
5. Просим обратить особое внимание на . . .
6. Согласно Вашему желанию мы приложим все старания, чтобы . . .
7. В связи с повышением цен на сырьё мы, к сожалению, . . .
8. Благодарим Вас за Ваше письмо от (дата), в котором Вы объясняете обстоятельства . . .
9. Надеемся, что Вы понимаете необходимость . . .
10. Мы сожалеем, что не можем согласиться с . . .
11. К сожалению, извещаем Вас о том, что не производим . . .
12. Мы с большим сожалением узнали из Вашего письма, что . . .

Грамматика

3

1 – Придаточные предложения причины (Kausalsätze).

Придаточные предложения отвечают на вопрос:

почему?	из-за чего?
отчего?	вследствие чего?
зачем?	

Такие предложения часто начинают следующими союзами (Konjunktionen) или союзными сочетаниями (konjunktionale Fügungen):

так как потому что из-за (того что/чего) ввиду (того что/чего) вследствие (того что/чего) благодаря (тому что/чему) в силу (того что/чего) поскольку в связи с (тем что/чем) по причине (чего-н.) по случаю (чего-н.) в результате (чего-н.)	da, weil, wegen, infolge, durch, dank

Примеры:

- Вследствие увеличения стоимости изготовления ожидается повышение цен.
- Повторные заказы могут регулярно выполняться, потому что у нас всегда имеется большой запас.
- Поставка теперь не может осуществиться, так как мы в данное время перегружены заказами.

2 – При аннулировании или отказе от заказа часто встречаются следующие слова и выражения:

мы вынуждены (делать что-н.)	gezwungen sein
нам приходится/придётся (делать что-н.)	gezwungen sein
мы должны (делать что-н.)	müssen
мы сожалеем	bedauern
(мы) (не) можем (делать что-н.)	(nicht) können
с большим сожалением	mit großem Bedauern
к сожалению	leider
вследствие	aufgrund
из-за	wegen, deshalb
так как/потому что	weil
в связи (с чем)	im Zusammenhang, aufgrund

3 – Дополните следующие предложения подходящими союзами и вышеуказанными глаголами/выражениями.

1. В настоящее время мы .... выполнить Ваш заказ .... неожиданной задержки поставок от наших поставщиков.
2. .... низких цен на нашу продукцию мы .... выполнить минимальный заказ на 100 штук.
3. ...., оферта не отвечает нашим ожиданиям, ... цены, установленные Вами, значительно выше цен, предлагаемых другими фирмами.
4. .... сообщаем, что .... выполнить заказ на поставку этих товаров раньше января, ... фабрика, производящая необходимый для Вас тип машины, полностью загружена заказами.
5. .... повышением цен на сырьё мы, к сожалению, ... также повысить цены на товары, поставляемые Вам.
6. .... произведенных нашим правительством изменений в правилах, регулирующих импорт табачных изделий, мы, ..., должны Вам сообщить, что хотим аннулировать наш заказ.

7. .... недостатка сырья нам .... просить Вас немного подождать.
8. ...., что Вы оказались неспособным уложиться в установленные сроки поставки .... аннулировать наш заказ.
9. Мы очень ...., что .... выполнить Ваш заказ, ... продаём только за наличный расчёт.
10. Я ...... Вам сообщить, что мне .... отклонить Ваш заказ, ... я не могу согласиться на Ваши условия.
11. .... повышения количества заказанного Вами товара нам, может быть, ... изменить сроки поставки.

оказываться/оказаться	sich erweisen als
уложиться в сроки	Fristen einhalten
за наличный расчёт	gegen bar

4 – **Деепричастие** (Adverbialpartizip).

Повторите принципы образования и применения деепричастий:
- wird vom Verb abgeleitet
- ist eine unveränderliche Verbform
- ist auf das Subjekt der übergeordneten Handlung bezogen
- kennzeichnet a) die Gleichzeitigkeit der Handlung (imperfektes Adverbialpartizip)
  b) die Vorzeitigkeit der Handlung (perfektes Adverbialpartizip)

Gleich-zeitigkeit ↓ Bildung mit unvollendetem Verb ↓ **-я(сь)**	Aktiv ● рассматривая Ваше предложение — bei der Prüfung Ihres Vorschlages Bildung: рассматривать → рассматрива-ют + **я** → рассматривая (»betrachtend«) ● учитывая Ваши условия — unter Berücksichtigung ihrer Bedingungen учитывать → учитыва-ют + **я** → учитывая (»berücksichtigend«) Reflexiv ● возвращаясь к своей прежней позиции — zu seiner früheren Position zurückkehrend возвращаться → возвраща-ются + **ясь** → возвращаясь (»zurückkehrend«)
Vorzeitigkeit ↓ Bildung mit vollendetem Verb ↓ **-в(шись)**	Aktiv ● рассмотрев Ваш прейскурант — nachdem wir Ihre Preisliste durchgesehen haben Bildung: рассмотре-ть + **в** → рассмотрев (»betrachtet habend«) ● получив Ваше письмо — nach Erhalt Ihres Briefes получи-ть + **в** → получив (»erhalten habend«) Reflexiv ● возвратившись с ярмарки — nachdem ich von der Messe zurückgekehrt bin возврати-ться + **вшись** → возвратившись (»zurückgekehrt seiend«)

5 – Прочитайте и переведите следующие предложения.

1. Ссылаясь на Вашу рекламу в спецжурнале, прошу Вас о высылке Вашего прейскуранта.
2. Подтверждая мою сегодняшнюю телеграмму, сообщаю Вам, что я могу поставить товар до конца этой недели.
3. Обсудив Вашу контроферту с нашими экспертами, я пришёл к выводу, что предложенные условия просто невыполнимы.
4. Надеясь, что в будущем сможем давать Вам более значительные заказы, если товары будут соответствовать нашим требованиям.
5. Пересылая Вам наш циркуляр, прошу сообщить нам, участвуете ли Вы в ярмарке со стендом Вашей фирмы.
6. Убедившись в качестве Вашей продукции, мы делаем первый заказ на детские коляски.
7. Основываясь на вышеизложенном, просим Вас в возможно короткий срок заменить ошибочно поставленные модели правильными.

7\. Мы выбираем наших поставщиков, исходя из высокого качества их товаров.

значительный	beträchtlich, sehr groß
циркуляр	Rundschreiben
доверие	Vertrauen
поручать/поручить	anvertrauen, übertragen
основываться/основаться (на чём-н.)	beruhen auf
детская коляска	Kinderwagen

6 – Преобразуйте вышеуказанные предложения по следующему образцу:

Тщательно рассмотрев условия продажи, мы рады сообщить Вам, что Вы могли бы стать нашим основным поставщиком.
Мы тщательно рассмотрели условия продажи и рады сообщить Вам, . . .

или (если возможно):

После тщательного рассмотрения условий продажи мы рады . . . .

Упражнения с повышенным уровнем трудности 4

1 – Напишите заказ на основе следующей ситуации.

Ein deutsches Handelsunternehmen hatte bei der russischen Firma Suwenirexport einen neuen Katalog angefordert und bedankt sich jetzt dafür. Da das Unternehmen bereits im vergangenen Jahr sehr gute Erfahrungen mit dem Verkauf russischer Bleikristallerzeugnisse gemacht hat, möchte es in diesem Jahr eine größere Bestellung aufgeben. Entsprechend den Katalogangaben bestellt das Unternehmen 200 Kristallvasen (Best.-Nr. 132.698), 150 Kristallschalen (Best.-Nr. 154.342) sowie 500 Kristallweingläser (Best.-Nr. 145.456). Das Unternehmen setzt große Hoffnungen auf das Weihnachtsgeschäft und möchte die Lieferung möglichst schnell erhalten. Möglich sind auch Teillieferungen, wobei die letzte Lieferung nicht später als 10. Dezember eingehen darf. Um Verluste zu vermeiden, legt die Firma größten Wert auf sorgfältige Verpackung, möglichst Kisten mit Polystyrolfüllung. Die Bezahlung des Rechnungsbetrages soll wie im vergangenen Jahr durch Banküberweisung nach Prüfung der Waren erfolgen. Eine Bestätigung der Bestellung wird erbeten.

Bleikristallerzeugnis	изделие из хрусталя
Kristallvase	хрустальная ваза для цветов
Kristallschale	хрустальная ваза для сервировки стола
Kristallweinglas	хрустальный бокал
Weihnachtsgeschäft	время рождественских покупок

Kiste	ящик
Polystyrolfüllung	наполнение из полистирола
Rechnungsbetrag	сумма счёта
Banküberweisung	банковский перевод

2 – Маленькая загадка для проверки Ваших лексических знаний.

12.

1. . . . . п . . . . . .
2. . . . о .
3. . . . т . .
4. . . . р . .
5. . . . е . . . .
6. . б . . . . .
7. . . . . . . и . . . .
8. . . . т . . . .
9. . . . е . . .
10. . . л . . .
11. . . . . ь

(Решение загадки см. на стр. 109)

1. производственное или хозяйственное учреждение
2. принцип рынка: предложение и . . . .
3. без . . . . нет продажи
4. предложение продавца о продаже товара на определенных условиях
5. важный признак товара
6. предмет, служащий для демонстрации и ознакомления с предлагаемым товаром
7. лицо, руководящее предприятием или коммерческой организацией

8. направление товара на основе заказа или контракта
9. продукт, получаемый в результате переработки сырья или других материалов
10. денежные знаки иностранных государств, используемые в международных расчетах
11. денежная единица в России
12. лицо или организация, потребляющие продукты

Контракт/договор 5

1 – Что такое контракт?

Пе́ред заключе́нием торго́вой сде́лки бо́льшего объёма ча́сто прово́дятся перегово́ры для того́, что́бы согласова́ть усло́вия сде́лки и вы́яснить подро́бности. Э́то та́кже отно́сится к сде́лкам с иностра́нными фи́рмами пе́ред заключе́нием догово́ра ку́пли-прода́жи и́ли внешнеторго́вого контра́кта.

Таки́е контра́кты явля́ются важне́йшими докуме́нтами, так как в них определя́ются права́ и обя́занности продавца́ и покупа́теля. Пе́рвая часть контра́кта включа́ет фа́кты и инстру́кции, относя́щиеся то́лько к э́тому конкре́тному слу́чаю (предме́т контра́кта), как наименова́ние, коли́чество и ка́чество това́ра, срок поста́вки, цена́, усло́вия платежа́, указа́ния по техни́ческой документа́ции.

Втора́я часть соде́ржит общепри́нятые формулиро́вки по усло́виям гара́нтии и прете́нзии, по страхова́нию и арбитра́жу, а та́кже юриди́ческие адреса́ заключа́ющих догово́р сторо́н.

Контра́кты составля́ются в не́скольких экземпля́рах (на двух языка́х) и подпи́сываются обе́ими сторона́ми.

2 – Выучите новые слова.

согласо́вывать/согласова́ть	vereinbaren, absprechen, etw. in Übereinstimmung bringen
соглаше́ние	Abkommen, vertragliche Vereinbarung, Übereinkunft

догово́р/контра́кт ку́пли-прода́жи	Kaufvertrag
внешнеторго́вый контра́кт	Außenhandelsvertrag
обя́занность, -и	Pflicht, Verpflichtung
предме́т контра́кта	Vertragsgegenstand
техни́ческая документа́ция	technische Unterlagen
прете́нзия	Beanstandung, Anspruch, Forderung
страхова́ние	Versicherung
арбитра́ж	Schiedsgericht
юриди́ческие адреса́	eingetragene Firmenadressen
заключа́ющие догово́р / догова́ривающиеся сто́роны	vertragschließende Seiten

3 – Разговор в офисе фирмы »Электроника«.

Комаро́в: Здра́вствуйте, о́чень рад приве́тствовать Вас у нас в о́фисе.

Гримм: Здра́вствуйте, господи́н Комаро́в.

К: Раздева́йтесь! Проходи́те и сади́тесь, пожа́луйста.

Г: Спаси́бо.

К: Мы ещё ждём на́шего гла́вного экономи́ста, господи́на Петро́ва, и замести́теля дире́ктора на́шей фи́рмы, господи́на Рыбако́ва. Вот и они́.
Здра́вствуйте. Разреши́те предста́вить Вам господи́на Гри́мма, представи́теля фи́рмы »Интерэ́лекс«. Господи́н Гримм, э́то господи́н Рыбако́в, замести́тель дире́ктора, и господи́н Петро́в, гла́вный экономи́ст на́шей фи́рмы.

Петро́в: Здра́вствуйте, о́чень прия́тно с Ва́ми познако́миться.

Г: Здра́вствуйте. Я то́же о́чень рад с Ва́ми познако́миться и име́ть возмо́жность внести́ свой вклад в разви́тие на́ших делов́ых отноше́ний.

П: У Вас уже́ бы́ло вре́мя для ознакомле́ния с го́родом Москво́й?

Г: О́чень ма́ло, к сожалению. Но я очень благода́рен господи́ну Комаро́ву за то, что он вчера́ ве́чером пригласи́л меня́ в Большо́й теа́тр. Я уже́ мно́го слы́шал об э́том традицио́нном теа́тре, и тем бо́лее я о́чень рад, что име́л возмо́жность сам побыва́ть в нём.

П: Да, Вам повезло́. Сего́дня и для москвиче́й тру́дно доста́ть биле́ты. А како́е представле́ние Вы ви́дели?

Г: Мы ви́дели бале́т »Спарта́к«. Исполне́ние произвело́ на меня́ большо́е впечатле́ние.

П: А есть ли у Вас ещё доста́точно вре́мени, что́бы осмотре́ть и други́е достопримеча́тельности Москвы́?

Г: Нет, к сожале́нию. Мне придётся за́втра ра́но у́тром улете́ть во Фра́нкфурт. Наш дире́ктор ждёт сообще́ния о результа́тах на́шей сего́дняшней бесе́ды.

П: Тогда́ дава́йте перейдём к де́лу. Наде́юсь, что э́то не займёт так мно́го вре́мени.

Г: Мы ра́ды, что на́ше предложе́ние подхо́дит Вам.

К: На я́рмарке я убеди́лся в ка́честве Ва́ших изде́лий.

Г: На́ши проду́кты хорошо́ конкури́руют со сравни́мыми проду́ктами други́х фирм и по ка́честву и по цене́.

Рыбако́в: Чем Вы руково́дствовались при установле́нии цены́?

Г: Цена́ предложе́ния соотве́тствует на́шим обы́чным це́нам и мо́жет быть подтверждена́ докуме́нтами.

Р: Не могли́ бы Вы мне объясни́ть, что Вы понима́ете под твёрдой цено́й?

Г: Э́то на́ша гаранти́рованная цена́ на срок де́йствия контра́кта.

Р: А не мо́жете ли Вы нам предоста́вить осо́бую ски́дку?

Г: Мы гото́вы сде́лать Вам пятипроце́нтную ски́дку на зака́зы, превыша́ющие 100 штук.

П: Что Вы мо́жете сказа́ть нам относи́тельно сро́ка поста́вки? Мы заинтересо́ваны в сро́чной поста́вке това́ра.

Г: Я сего́дня у́тром позвони́л господи́ну Ви́неру, и он подтверди́л, что на́ша фи́рма в состоя́нии поста́вить зака́занные прибо́ры до конца́ второ́го кварта́ла.

П: Отли́чно. Тогда́ я предлага́ю, что мы подгото́вим прое́кт контра́кта на осно́ве предложе́ния Ва́шей фи́рмы и результа́тов на́шей бесе́ды и напра́вим подгото́вленный прое́кт как мо́жно скоре́е Ва́шей фи́рме.

Г: Соверше́нно согла́сен с Ва́ми. Как то́лько прое́кт бу- дет на́ми полу́чен, мы его́ обсу́дим с на́шими спе- циали́стами. Для оконча́тельных перегово́ров и под- писа́ния контра́кта мы серде́чно приглаша́ем Вас посети́ть на́шу фи́рму во Фра́нкфурте.

П: Большо́е спаси́бо за приглаше́ние.

Р: Разреши́те предло́жить Вам бока́л Кры́мского.

Г: С удово́льствием.

П: Дава́йте подни́мем бока́лы и вы́пьем за дальне́йшее разви́тие на́ших торго́вых отноше́ний.

Г: Я о́чень благодарю́ Вас за гостеприи́мство и сер- де́чный приём. До ско́рой встре́чи во Фра́нкфурте.

4 – Запомните новые слова.

раздева́ться/разде́ться	sich ausziehen, Sachen ablegen
проходи́ть/пройти́	eintreten, durch etw. hindurchgehen
удава́ться/уда́ться	gelingen, glücken
представле́ние	Vorstellung, Aufführung
исполне́ние	Aufführung, Darbietung, künstlerische Leistung
руково́дствоваться (чем)	sich richten nach, sich leiten lassen von
предло́жить бока́л	Glas anbieten
подня́ть бока́л	Glas erheben
вы́пить за (что)	trinken auf . . .
гостеприи́мство	Gastfreundschaft
серде́чный приём	herzlicher Empfang
до ско́рой встре́чи	bis bald, auf baldiges Wiedersehen

5 – Прочитайте сопроводительное письмо к контракту.

Фирма
Интерэлекс
Моцартплатц 15
60322 Франкфурт на Майне
г-ну Гримму

Москва, 9 февраля 19 .. г.

Многоуважаемый господин Гримм!

С этим письмом посылаем Вам контракт купли-продажи в двух экземплярах в русском и немецком исполнении.

Просим Вас вернуть нам по одному подписанному экземпляру.

Если у Вас появятся ещё какие-либо вопросы, просим Вас сообщить нам об этом.

С уважением

Комаров Д. В.
Рук. отдела маркетинга

Приложение: контракт купли-продажи в двух экземплярах на русском и немецком языках

Решение загадки на стр. 102:

1. предприятие, 2. спрос, 3. платёж, 4. оферта, 5. качество, 6. образец, 7. предприниматель, 8. поставка, 9. изделие, 10. валюта, 11. рубль.

6 – Ознакомтесь с языком контракта.

КОНТРАКТ
н-р.
трансы

г. Москва, 27. 10. 19..

Фирма
Интерэлекс
Моцартплатц 15
60322 Франкфурт на Майне

именуемая в дальнейшем »Продавец«

и

Фирма
Электроника
Новосельская улица 42
123456 г. Москва

именуемая в дальнейшем »Покупатель«

заключили настоящий контракт о нижеследующем:

1. ПРЕДМЕТ КОНТРАКТА

Продавец продал, а Покупатель купил электронные приборы на условиях поставки франко-вагон граница Польша/Украина.

2. ЦЕНА И ОБЩАЯ СТОИМОСТЬ КОНТРАКТА

Цены твердые и не подлежат изменению.

Цены понимаются франко-вагон граница Польша/Украина.

Общая стоимость контракта составляет в немецких марках:

ДЕМ – 128.000 –

в словах – сто двадцать восемь тысяч –

VERTRAG
Nr.:
Trans-Nr.:

Moskau, 27.10.19..

Firma
Intereleks
Mozartplatz 15
60322 Frankfurt/Main

nachstehend »Verkäufer« genannt,

und

Firma
Elektronika
Novoselskaja ul. 42
123456 Moskva

nachstehend »Käufer« genannt,

haben den vorliegenden Vertrag wie folgt geschlossen:

1. GEGENSTAND DES VERTRAGES

Der Verkäufer verkauft und der Käufer kauft zu den Lieferbedingungen franko-Waggon Grenze Polen/Ukraine elektronische Geräte.

2. PREIS UND GESAMTWERT DES VERTRAGES

Die Preise sind fest und nicht revidierbar.

Die Preise verstehen sich franko-Waggon Grenze Polen/Ukraine.

Der Gesamtwert des Vertrages beträgt:

DM - 128.000 -

in Worten - einhundertachtundzwanzigtausend -

Оплата производится в Дойче Банк, 60322 Франкфурт на Майне, счет в банке 178 2692, индекс банка 810 700 00 на счет Интерэлекс во Франкфурте.

3. СРОК ПОСТАВКИ

Приведенные в спецификации электронные приборы поставляются следующим образом:

- 30% от объема контракта в течение 4-х недель после поступления авансового платежа в размере 30% от суммы контракта;
- 30% от объема контракта в течение 12 недель после поступления 1-го взноса в размере 30% от суммы контракта;
- 40% от объема контракта в течение 12 недель после поступления 2-го взноса в размере 30% от суммы контракта.

Датой поставки считается дата штемпеля на железнодорожной накладной пограничного перехода, на котором товар передается железной дороге страны Покупателя.

Досрочная поставка разрешается.

Продавец освобождается от оплаты конвенционального штрафа, если доказано, что груз перешел границу ФРГ/транзитной страны за 10 дней до истечения срока поставки.

4. УСЛОВИЯ ПЛАТЕЖА

Оплата производится в немецких марках ФРГ следующим образом:

- 30% авансовой выплатой при заключении контракта;
- 30% при уведомлении о первой поставке;
- 30% при уведомлении о второй поставке;
- 10% после совместного составления протокола о полной и качественной поставке запчастей согласно спецификации.

Die Bezahlung erfolgt an die Deutsche Bank, 60322 Frankfurt/Main, Bankkonto 178 2692, Bankleitzahl 810 700 00 zugunsten Intereleks in Frankfurt/Main.

3. LIEFERTERMIN

Die in der Spezifikation angeführten elektronischen Geräte werden wie folgt geliefert:

- 30% des Vertragswertes 4 Wochen nach Eingang der Vorauskasse von 30% auf den Vertragswert;
- 30% des Vertragswertes 12 Wochen nach Eingang der 1. Rate von 30% auf den Vertragswert;
- 40% des Vertragswertes innerhalb von 12 Wochen nach Eingang der 2. Ratenzahlung von 30% auf den Vertragswert.

Als Datum der Lieferung gilt das Stempeldatum auf dem Bahnfrachtbrief des Grenzübergangs, an dem die Ware der Eisenbahn des Käuferlandes übergeben wird.

Vorablieferung ist gestattet.

Der Verkäufer wird von der Zahlung einer Konventionalstrafe befreit, wenn nachweislich 10 Tage vor Ablauf des Liefertermins die Lieferung die Grenze BRD/Transitland überschritten hat.

4. ZAHLUNGSBEDINGUNGEN

Die Bezahlung erfolgt in Deutsche Mark der Bundesrepublik Deutschland wie folgt:

- 30% Vorauszahlung bei Vertragsabschluß
- 30% bei Avisierung der 1. Lieferung
- 30% bei Avisierung der 2. Lieferung.
- 10% nach gemeinsamer Ausfertigung eines Protokolles über die vollständige und qualitätsgerechte Lieferung der Ersatzteile laut Spezifikation.

После осуществленной поставки Продавец высылает Покупателю фактуру с подтверждением, что товар уже оплачен, а также:

1 дубликат накладной
2 упаковочных листа
1 сертификат качества

К сопровождающей груз железнодорожной накладной Продавцом прилагаются для таможни:

упаковочный лист – 3 экземпляра
сертификат качества – 1 экземпляр

5. КОНВЕНЦИОНАЛЬНЫЙ ШТРАФ

За опоздание в поставке электронных приборов Продавец платит Покупателю штраф в размере 0,5% от стоимости несвоевременно поставленного транса за каждую неделю опоздания в течение первых 4-х недель, и 1% за каждую последующую неделю.

Общая сумма штрафа не должна превышать 8% от общей стоимости непоставленных в срок запчастей. Дополнительные претензии исключаются.

При расчете штрафа за опоздание количество дней менее половины календарной недели в расчет не принимается. Количество дней, которое составляет больше половины календарной недели, считается как полная неделя.

Если опоздание в поставке продлится более 3-х месяцев, то Покупатель имеет право аннулировать объем поставки непоставленного в срок транса без возмещения продавцу каких-либо расходов или убытков, которые могли быть вызваны аннуляцией непоставленного в срок транса.

В этом случае Продавец платит Покупателю штраф в размере 8% от стоимости непоставленного в срок транса. Размер штрафа не подлежит изменению через арбитраж.

Продавец немедленно переводит Покупателю оправданные конвенциональные штрафы.

Nach erfolgter Lieferung übersendet der Verkäufer dem Käufer eine Faktura mit dem Bestätigungsvermerk, daß die Ware bereits bezahlt ist, sowie:

1 Frachtbriefduplikat
2 Packlisten
1 Qualitätszertifikat

Dem die Ware begleitenden Bahnfrachtbrief werden vom Verkäufer für das Zollamt beigefügt:

Packliste 3-fach
Qualitätszertifikat 1-fach

5. KONVENTIONALSTRAFE

Für Lieferverzug gegenüber vorgesehenen Terminen zahlt der Verkäufer dem Käufer eine Strafe in Höhe von 0,5% vom Wert der verspätet gelieferten Trans-Nr. für jede Woche Verzug während der ersten vier Wochen Rückstand, und 1% für jede weitere Woche.

Die Gesamtsumme der Pönale darf 8% des Wertes der nicht rechtzeitig gelieferten elektronischen Geräte nicht überschreiten. Weitergehende Ansprüche sind ausgeschlossen.

Bei der Berechnung der Verzugsstrafe wird die Anzahl der Tage, die weniger als eine halbe Kalenderwoche beträgt, nicht berücksichtigt. Die Anzahl der Tage, die mehr als eine halbe Kalenderwoche beträgt, wird als volle Woche berechnet.

Beträgt der Lieferverzug mehr als 3 Monate, so ist der Käufer berechtigt, den Lieferumfang der verspätet gelieferten Trans-Nr. zu stornieren, ohne dem Verkäufer irgendwelche Kosten bzw. Schäden zu ersetzen, die durch diese Stornierung verursacht würden.

In diesem Fall zahlt der Verkäufer dem Käufer die Pönale in Höhe von 8% des Wertes der verspäteten Trans-Nr. Die Höhe der Pönale kann vom Schiedsgericht nicht geändert werden.

Der Verkäufer wird berechtigte Konventionalstrafen unverzüglich an den Käufer überweisen.

6. ФОРС МАЖОР

В случае возникновения обстоятельств непреодолимой силы, а именно: пожара, наводнения, землетрясения и других непредвиденных действий природных сил, а также забастовки и увольнения, которые возникают в связи с переговорами по тарифам, сроки поставки, предусмотренные настоящим контрактом, сдвигаются на время действий этих событий, если они имели непосредственное влияние на выполнение сроков поставки этого контракта.

Продавец сразу же извещает Покупателя о начале и окончании действия обстоятельств непреодолимой силы. Эта информация должна быть подтверждена Торговой Палатой страны Продавца.

Несвоевременное (по истечении 15 дней) извещение о начале и окончании действия обстоятельств непреодолимой силы лишает Продавца права в дальнейшем ссылаться на эти обстоятельства.

Если просрочка в поставке запчастей из-за действия обстоятельств непреодолимой силы составит более 3-х месяцев, Покупатель имеет право аннулировать невыполненную часть контракта без возмещения Продавцу каких-либо расходов или убытков.

7. ГАРАНТИЯ

Продавец гарантирует высокое качество при изготовлении электронных приборов, а также полное их соответствие с условиями контракта.

Срок гарантии составляет 6 месяцев с даты пуска в эксплуатацию, но не более 9 месяцев с даты поставки. Быстроизнашивающиеся части из гарантии исключаются.

Если во время гарантийного срока окажется, что приборы дефектны или не соответствуют условиям контракта, то Продавец обязан незамедлительно устранить дефект за свой счет путем ремонта или замены дефектного прибора. Все транспорт-

6. FORCE MAJEURE

Bei Eintritt von Fällen höherer Gewalt, und zwar: Brand, Überschwemmung, Erdbeben und anderen Naturkatastrophen sowie Streik und Aussperrungen im Zusammenhang mit Tarifverhandlungen, werden die lt. diesem Vertrag vorgesehenen Liefertermine um die Zeit des Wirkens dieser Ereignisse verschoben, wenn diese Ereignisse unmittelbaren Einfluß auf die Einhaltung der Lieferfristen dieses Vertrages hatten.

Der Verkäufer informiert den Käufer unverzüglich über den Beginn und das Ende des Wirkens der Fälle höherer Gewalt. Diese Mitteilung muß durch die Handelskammer des Verkäuferlandes bestätigt werden.

Eine nicht rechtzeitige (d. h. über 15 Tage hinausgehende) Benachrichtigung über Beginn und Ende der Fälle höherer Gewalt entzieht dem Verkäufer das Recht, sich im weiteren darauf zu berufen.

Beträgt der Lieferverzug aufgrund der Wirkung höherer Gewalt mehr als 3 Monate, hat der Käufer das Recht, den nichterfüllten Teil des Vertrages zu stornieren, ohne dem Verkäufer irgendwelche Unkosten bzw. Schäden zu ersetzen.

7. GARANTIE

Der Verkäufer garantiert eine hohe Qualität bei der Herstellung der elektronischen Geräte sowie volle Übereinstimmung dieser mit den Vertragsbedingungen.

Die Garantiezeit beträgt 6 Monate ab Datum der Inbetriebnahme, jedoch nicht mehr als 9 Monate ab Lieferung. Verschleißteile sind von der Garantie ausgenommen.

Erweisen sich die Geräte als mangelhaft oder nicht konform mit den Vertragsbedingungen, hat der Verkäufer unverzüglich und auf eigene Kosten diese Mängel zu beheben oder die defekten Geräte auszutau-

ные расходы, связанные с заменой или ремонтом приборов идут за счет Продавца.

Дальнейшие претензии на возмещение убытков, а также претензии из-за сбоев в производстве и неполученной прибыли ни до, ни после истечения гарантийных сроков недействительны.

8. ИНФОРМАЦИЯ ОБ ОТГРУЗКЕ

В течение 24-х часов после произведения отгрузки, но не позднее следующего рабочего дня в стране Продавца, Продавец должен сообщить:

- дату отгрузки
- номер контракта
- номер транса
- наименование товара
- число мест
- вес нетто/брутто

9. МАРКИРОВКА

На каждом месте с двух сторон четко должна быть нанесена несмываемой краской нижеуказанная маркировка на русском и немецком языках:

ВЕРХ
ОСТОРОЖНО
НЕ КАНТОВАТЬ
ПОКУПАТЕЛЬ
НОМЕР КОНТРАКТА
НОМЕР ТРАНСА
НОМЕР МЕСТА
ВЕС НЕТТО, КГ
ВЕС БРУТТО, КГ

Продавец несет полную ответственность за всякие повреждения товара из-за неправильной или ненадлежащей консервации, за образование коррозии, а также за дополнительные расходы, возникшие из-за засыла вследствие неполной или неправильной маркировки.

schen. Alle Transportkosten im Zusammenhang mit dem Austausch oder der Ausbesserung der Geräte trägt der Verkäufer.

Weitere Schadenersatzansprüche sowie Ansprüche wegen Produktionsausfalls und entgangenen Gewinns können auch nach Ablauf der genannten Garantiefristen nicht geltend gemacht werden.

8. VERSANDMITTEILUNG

Innerhalb von 24 Stunden nach dem Versand, spätestens am nächstfolgenden Arbeitstag im Verkäuferland teilt der Verkäufer mit:

- Versanddatum
- Vertragsnummer
- Trans-Nr.
- Bezeichnung der Ware
- Kollianzahl
- Gewicht netto / brutto

9. MARKIERUNG

Auf jeder Kiste muß nachfolgende Markierung auf 2 Seiten deutlich lesbar und mit wasserfester Farbe in russischer und in deutscher Sprache aufgebracht werden:

OBEN
VORSICHT
NICHT KANTEN
KÄUFER
VERTRAG NR.
TRANS NR.
KOLLI NR.
NETTOGEWICHT; KG
BRUTTOGEWICHT; KG

Der Verkäufer haftet für jegliche Beschädigung der Waren durch mangelhafte oder ungenügende Konservierung und für Korrosionsbildung sowie für zusätzliche Kosten, die durch den Versand an eine falsche Adresse infolge unvollständiger oder falscher Markierung entstanden sind.

10. АРБИТРАЖ

Все споры и разногласия, которые могут возникнуть из настоящего контракта или в связи с ним, будут по возможности разрешаться путем переговоров между сторонами. В случае, если стороны не придут к соглашению, то дело подлежит рассмотрению заседания общественного суда и принятия решения арбитражем, с местом нахождения в Стокгольме/Швеция.

Арбитраж должен быть создан следующим образом:

Сторона, желающая передать спор в арбитраж, информирует об этом другую сторону заказным письмом, указав в нем фамилию и местопребывание избранного ею арбитра, который может быть гражданином любой страны, а также предмет спора, дату и номер контракта.

Другая сторона должна после получения такого письма избрать второго арбитра и поставить в известность при этом первую сторону заказным письмом с указанием фамилии и местопребывания избранного арбитра.

Если сторона, вызванная в арбитраж, не изберёт в указанный срок второго арбитра, то последний назначается президентом Торговой Палаты г. Стокгольма /Швеция/, причем это назначение должно последовать в течение 30 дней после поступления заявления заинтересованной стороны в Торговую Палату.

Оба арбитра в течение 30 дней должны избрать суперарбитра. Если арбитры не достигнут соглашения в отношении кандидатуры суперарбитра, то последний назначается президентом Торговой Палаты г. Стокгольма, причем назначение должно последовать в течение 30 дней с даты поступления соответствующего заявления в Торговую Палату с одной из сторон.

Арбитраж выносит решение большинством голосов на основании условий настоящего контракта, а также норм шведского материального права.

Арбитраж может также использовать дополнительно обычные общие международные нюансы. Решение арбитража должно быть обосновано и должно содержать в себе указание о составе арбитража, месте и времени вынесения решения, указание на

10. SCHIEDSGERICHT

Alle Streitfälle und Meinungsverschiedenheiten, die sich aus dem vorliegenden Vertrag oder im Zusammenhang mit diesem ergeben könnten, werden nach Möglichkeit durch Verhandlungen beigelegt. Gelangen die Seiten zu keiner Einigung, unterliegt die Angelegenheit unter Ausschluß der öffentlichen Gerichtsbarkeit der Entscheidung durch das Schiedsgericht mit Sitz in Stockholm/Schweden.

Das Schiedsgericht ist folgendermaßen zu bilden:

Die Seite, die den Streitfall an das Schiedsgericht übergeben will, benachrichtigt hiervon die andere Seite per Einschreiben, indem sie Namen und Aufenthaltsort des von ihr gewählten Schiedsrichters, der Bürger eines beliebigen Landes sein kann, mitteilt.

Die andere Partei muß innerhalb von 30 Tagen nach Erhalt eines solchen Schreibens den zweiten Schiedsrichter wählen und die andere Seite davon per Einschreiben, in dem Name und Aufenthaltsort des gewählten Schiedsrichters angegeben sind, in Kenntnis setzen.

Wählt die vors Schiedsgericht geladene Seite den zweiten Schiedsrichter nicht termingerecht, so wird dieser vom Vorsitzenden der Handelskammer Stockholm/Schweden ernannt, wobei diese Ernennung innerhalb von 30 Tagen nach Eingang des Ersuchens der interessierten Seite bei der Handelskammer erfolgen muß.

Die beiden Schiedsrichter haben innerhalb von 30 Tagen nach ihrer Ernennung einen Obmann zu wählen. Können die Schiedsrichter sich nicht einigen, so wird dieser vom Vorsitzenden der Handelskammer Stockholm ernannt, wobei die Ernennung innerhalb von 30 Tagen nach Eingang eines entsprechenden Gesuchs einer der Seiten bei der Handelskammer erfolgen muß.

Das Schiedsgericht fällt eine Entscheidung mit Stimmenmehrheit auf der Grundlage der Bedingungen des vorliegenden Vertrags sowie der Normen des schwedischen materiellen Rechtes.

Das Schiedsgericht kann auch zusätzlich allgemeine, international übliche Handelsgepflogenheiten anwenden. Die Entscheidung des Schiedsgerichts muß begründet sein und Hinweise auf die Zusammensetzung des Schiedsgerichts, Zeit und Ort der Entscheidung, auf

предоставленную возможность сторонам высказаться, а также о распределении между сторонами расходов по производству дела в арбитраже.

Арбитраж должен принять решение в течение 3-х месяцев со дня избрания или назначения суперарбитра.

Решение арбитража будет являться окончательным и обязательным для обеих сторон.

11. СТРАХОВАНИЕ

Продавец страхует поставляемые по настоящему контракту электронные приборы до границы страны Покупателя.

Расходы за страхование в транзитной стране согласно пар. 1 и 2 несет Продавец.

12. ПРОЧИЕ УСЛОВИЯ

Все приложения и дополнения к настоящему контракту действительны лишь при условии, если они изложены в письменной форме и подписаны обеими сторонами.

Никакая из сторон не имеет права передавать свои права и обязанности из этого контракта третьей стороне без письменного согласия другой стороны.

Все переговоры и переписка до заключения контракта теряют силу с даты его подписания.

13. ЮРИДИЧЕСКИЕ АДРЕСА СТОРОН

Продавец

Фирма
Интерэлекс
Моцартплатц 15
60322 Франкфурт на Майне
ФРГ

die den Seiten gewährte Möglichkeit der Stellungnahme und die Kostenverteilung für das Verfahren auf die Parteien enthalten.

Die Entscheidung des Schiedsgerichts muß innerhalb von 3 Monaten ab Datum der Wahl bzw. Ernennung des Obmannes gefällt werden.

Die Entscheidung des Schiedsgerichts ist endgültig und für beide Seiten verbindlich.

11. VERSICHERUNG

Der Verkäufer schließt die Versicherung für die in diesem Vertrag zu liefernden elektronischen Geräte bis Grenze Käuferland ab.

Die Kosten für die Versicherung im Transitland trägt gemäß Paragraphen 1 und 2 der Verkäufer.

12. SONSTIGE BEDINGUNGEN

Alle Änderungen oder Zusätze zu diesem Vertrag sind nur gültig, wenn sie schriftlich abgefaßt und von beiden Seiten unterzeichnet sind.

Keine der Seiten ist berechtigt, ihre Rechte und Pflichten aus diesem Vertrag ohne schriftliche Zustimmung der anderen Seite an einen Dritten zu übertragen.

Sämtliche Verhandlungen und Briefwechsel, die vor dem Vertragsabschluß stattgefunden haben, treten ab Datum der Vertragsunterzeichnung außer Kraft.

13. JURISTISCHE ADRESSEN DER SEITEN

Verkäufer:

Firma
Intereleks
Mozartplatz 15
60322 Frankfurt/Main
BRD

Покупатель

Фирма
Электроника
Новосельская улица 42
123456 г. Москва

Настоящий контракт составлен в 2-х экземплярах на русском и немецком языках каждый, причем оба текста имеют одинаковую силу.

Все приложения являются неотьемлемой частью контракта.

Настоящий контракт вместе с приложениями нр. 1–. . . содержит . . . страниц.

Этот договор войдёт в силу:
- как только будет выплачен аванс.

Франкфурт на Майне, ...

Продавец Покупатель

Käufer:

Firma
Elektronika
Novoselskaja ul. 42
123456 Moskva

Der vorliegende Vertrag ist in zwei Exemplaren, je in russischer und deutscher Sprache abgefaßt, beide Texte haben gleiche Gültigkeit.

Alle Anlagen sind untrennbarer Bestandteil dieses Vertrages.

Dieser Vertrag umfaßt mit den Anlagen Nr. 1-. . . . . . Seiten.

Dieser Liefervertrag tritt in Kraft:

- sobald die Vorauszahlung geleistet ist.

Frankfurt/Main, den . . . . . .

Verkäufer Käufer

Поставка

6

Прочитайте текст 1

При заключе́нии догово́ра ку́пли-прода́жи устана́вливается, что продаве́ц поставля́ет покупа́телю определённый това́р и получа́ет за э́то определённую це́ну. Одновре́менно о́бе стороны́ согласу́ют и ка́чество това́ра, срок поста́вки, вид, це́ну и ме́сто поста́вки. Ме́сто поста́вки и расхо́ды на тра́нспорт устано́влены в »инкоте́рмс«.

Продаве́ц обя́зан поста́вить това́р по усло́виям контра́кта в согласо́ванный срок.

До отпра́вки това́ра необходи́мо провести́ соотве́тствующую упако́вку, а соотве́тствующая маркиро́вка должна́ предохраня́ть това́р от его́ поврежде́ния при транспортиро́вке.

Обы́чно добавля́ется специа́льная маркиро́вка с указа́ниями для транспортиро́вки, как наприме́р, »Осторо́жно стекло́«.

Инстру́кции покупа́теля по упако́вке и маркиро́вке това́ра определены́ в контра́кте, и продаве́ц до́лжен соблюда́ть их.

Кро́ме того́, продаве́ц обя́зан ознако́миться с тамо́женными пра́вилами для и́мпорта това́ра в страну́ покупа́теля. Е́сли покупа́тель не сам заезжа́ет за това́ром, продавцу́ ну́жно позабо́титься о его́ отгру́зке.

Для э́того он испо́льзует се́рвис тра́нспортно-экспедицио́нных аге́нств (экспеди́торов) или курье́ров. Бандеро́ли посыла́ются почто́вой свя́зью. Мо́жно по́льзоваться и специа́льным курье́рным се́рвисом по́чты »Пост Экспресс«, кото́рый гаранти́рует получе́ние това́ра, наприме́р в Москве́, в тече́ние двух дней. Э́тот се́рвис осо́бенно удо́бен для поста́вки запасны́х часте́й и́ли скоропо́ртящихся продово́льственных товаров.

Продаве́ц и/и́ли покупа́тель страху́ет това́р от поврежде́ния и́ли поте́ри при транспортиро́вке.

По́сле отгру́зки това́ра продаве́ц сообща́ет об э́том покупа́телю.

В зави́симости от усло́вий платежа́, счёт и други́е отгру́зочные докуме́нты това́ра посыла́ются покупа́телю и́ли депони́руются в ба́нке экспортёра. К отгру́зочным докуме́нтам това́ра отно́сятся:

- специфици́рованный оригина́льный счёт
- коносаме́нт
- желе́зно-доро́жная накладна́я или дублика́т
- страхово́е свиде́тельство (поли́с)
- тамо́женный счёт
- тамо́женная деклара́ция
- свиде́тельство о происхожде́нии това́ра
- сертифика́т о ка́честве това́ра
- протоко́лы испыта́ния
- э́кспортная и́ли и́мпортная лице́нзия.

Кро́ме того́, покупа́тель мо́жет попроси́ть продавца́ сообщи́ть ему́ о гото́вности това́ра к отгру́зке и́ли проинформи́ровать его́ о хо́де выполне́ния его́ зака́за.

1 – Выучите новые слова.

отпра́вка	Absendung, Abfertigung
соотве́тствующий	entsprechend
предохраня́ть/предохрани́ть	schützen, sichern
предохранённый,	
предохране́ние	
поврежде́ние	Beschädigung
соблюда́ть/соблюсти́	genau befolgen, streng einhalten,
соблюдённый, соблюде́ние	beachten
тра́нспортно-экспедицио́нное аге́нство	Spedition
благополу́чный	wohlbehalten
скоропо́ртящийся	leicht verderblich
продово́льственный товар	Lebensmittel
поте́ря	Verlust, Schaden

отгру́зка	Verladung, Versand
специфици́рованный оригина́льный счёт	spezifizierte Originalrechnung
коносаме́нт	Konnossement, Seefrachtbrief
накладна́я	Frachtbrief
желе́зно-доро́жная –	Eisenbahnfrachtbrief
страхово́е свиде́тельство (по́лис)	Versicherungspolice
тамо́женный	Zoll-
– счёт	Zollfaktura
– ая деклара́ция	Zollinhaltserklärung
– ое пра́вило	Zollbestimmung
свиде́тельство о происхожде́нии това́ра	Ursprungszeugnis
сертифика́т о ка́честве това́ра	Qualitätszertifikat
протоко́л испыта́ния	Prüfungsprotokoll
лице́нзия	Lizenz
э́кспортная –	Export-
и́мпортная –	Import-

2 – На основе текста определите, правильны ли следующие высказывания. Если необходимо, исправьте их.

	да	нет
а) Специальная маркировка может гарантировать правильное поступление товара.	☐	☐
б) Покупатель устанавливает вид упаковки и маркировки.	☐	☐
в) Покупатель сообщает продавцу о таможенных правилах в своей стране.	☐	☐
г) »Пост Экспресс« – это спецсервиз курьеров.	☐	☐
д) Продавец заботится о страховании.		
е) Счёт пересылается покупателю вместе с товаром.	☐	☐

3 – Когда Вы посылаете товары в Россию почтовой посылкой, Вам нужно заполнить таможенную декларацию в двух экземплярах. Если цена товара, который Вы посылаете почтой, свыше 3000 немецких марок, необходимо предъявить ещё заявку на экспорт.

Адрес получателя в России пишется на русском языке латинскими буквами, а всё остальное можно заполнить на немецком языке.

Господин Гримм из фирмы »Интерэлекс« во Франкфурте на Майне, 60322, Моцартплатц 15, хочет послать запчасти весом 3,8 кг и ценой 2.657,– нем. марок г-ну Иванову, фирма »Телесвязь«, Средний пр. 50, 103064 Саратов, с которой его фирма сотрудничает ещё недолго.

Таможенная декларация должна содержать следующие данные. Переведите их с русского на немецкий язык.

а) имя, отчество, фамилия и адрес получателя или название и адрес фирмы-получателя

б) вид посылки

в) детальное наименование содержания

г) стоимость товаров с обозначением валюты

д) вес посылки

е) страна происхождения товаров

ж) место и день выдачи, имя и фамилия отправителя

з) подпись отправителя.

Заполните таможенную декларацию по-русски (смотри приложение н-р 1 в конце учебника). Напишите адрес латинскими буквами. Пользуйтесь таблицей в конце учебника.

Кроме того, заполните почтовую квитанцию (смотри приложение н-р 2 в конце учебника).

Он хочет послать посылку »Премиум«. Напишите адрес латинскими буквами. Пользуйтесь таблицей в конце учебника.

Инкотермс

2

1 – Прочитайте со словарём.

Вопро́с, кто несёт тра́нспортные расхо́ды, игра́ет ва́жную роль в торго́вле с други́ми стра́нами. В междунаро́дной торго́вле существу́ют интернациона́льные торго́вые те́рмины (»И́нкотермс«), кото́рые бы́ли и́зданы междунаро́дной торго́вой пала́той в Пари́же на основа́нии обобще́ния мирово́й комме́рческой пра́ктики. В э́тих торго́вых те́рминах устано́влено, кто несёт расхо́ды по страхова́нию и тра́нспорту и кто несёт риск до како́го-либо моме́нта.

К распространённым те́рминам отно́сятся сле́дующие:

1. Основны́е усло́вия поста́вки су́дном
   - сиф
   - фас
   - фоб
   - каф

2. Усло́вия поста́вки други́ми ви́дами тра́нспорта
   - фра́нко
   - фра́нко-ваго́н
   - фра́нко-автомоби́ль
   - фра́нко-аэропо́рт
   - фра́нко-тамо́женный склад
   - фра́нко-заво́д
   - фра́нко-получа́тель

СИФ – пе́рвые бу́квы трёх англи́йских слов c.i.f. cost, insurance, freight (сто́имость, страхо́вка, фрахт). По догово́ру ку́пли-прода́жи на усло́виях сиф продаве́ц ука́зывает це́ну това́ра, включáющую стóимость товáра, морскóго страховáния и все трáнспортные расхóды до мéста назначéния.

При продáже на услóвиях сиф продавéц обя́зан достáвить за свой счёт товáр в порт отгрýзки; застраховáть надлежáщее сýдно и́ли мéсто на сýдне; помести́ть груз на борт сýдна в соответствии с услóвиями договóра и́ли обы́чаями пóрта; оплати́ть все сбóры и налóги, свя́занные с вы́возом товáра, а тáкже вывозны́е пóшлины; застраховáть товáр (товáр страхýется обы́чно на и́мя покупáтеля); вручи́ть покупáтелю и́ли агéнту предусмóтренный договóром коносамéнт (éсли в договóре ничегó не укáзано, то обы́чно понимáется чи́стый коносамéнт), страховóй пóлис, счёт и свидéтельство о происхождéнии товáра, и, наконéц, продавéц обя́зан нести́ риск за ги́бель и́ли пóрчу товáра до егó погрýзки на борт сýдна.

Покупáтель несёт риск случáйной ги́бели и́ли пóрчи товáра пóсле егó погрýзки на борт сýдна.

ФАС – начáльные бýквы трёх англи́йских слов f.a.s. free alongside ship, обозначáющих »свобóдно вдоль бóрта сýдна«. По договóру кýпли-продáжи на услóвиях фас продавéц укáзывает цéну товáра, включáющую стóимость достáвки товáра к бóрту сýдна с таки́м расчётом, чтóбы перевóзчик мог погрузи́ть товáр на борт сýдна свои́ми срéдствами и приспособлéниями. При продáже на услóвиях фас продавéц обя́зан достáвить груз к бóрту сýдна и́ли на укáзанное покупáтелем мéсто в портý в определённый день и́ли пери́од врéмени; получи́ть обы́чную чи́стую дóковую распи́ску; нести́ риск за пóрчу и́ли ги́бель товáра (и́ли за то и другóе вмéсте) до тех пор, покá товáр не бýдет достáвлен на бóрт сýдна и́ли на укáзанное покупáтелем мéсто в портý (на нáбережной); оказáть покупáтелю по трéбованию и за счёт послéднего пóмощь (услýги) в получéнии докумéнтов, выдавáемых в странé происхождéния и́ли в странé отпрáвки товáра (или в той и в другóй), котóрые покупáтель мóжет потрéбовать в цéлях э́кспорта и́ли и́мпорта в странý назначéния.

Покупáтель обя́зан застраховáть сýдно и́ли мéсто на нём; сообщи́ть продавцý дáту отплы́тия сýдна, егó назвáние, причáл и́ли ме́сто погру́зки, вре́мя доста́вки гру́за к су́дну; производи́ть все после́дующие перемеще́ния гру́за по́сле доста́вки его́ к бо́рту су́дна и с э́того моме́нта нести́ расхо́ды по страхова́нию, погру́зке и транспортиро́вке гру́за; оплати́ть э́кспортную по́шлину и други́е сбо́ры.

На покупа́теле лежи́т риск случа́йной ги́бели и́ли по́рчи (и́ли того́ и друго́го) това́ра по́сле доста́вки гру́за вдоль бо́рта су́дна, т. е. за вре́мя нахожде́ния его́ на на́бережной, на борту́ ли́хтера и́ли други́х плаву́чих приспособле́ниях, и́ли во вре́мя погру́зки. Покупа́тель обя́зан оплати́ть все расхо́ды и сбо́ры, свя́занные с получе́нием докуме́нтов, необходи́мых для оформле́ния э́кспорта и и́мпорта, кро́ме до́ковой распи́ски.

ФОБ – пе́рвые бу́квы трёх англи́йских слов fob – free on board »свобо́ден по бо́рту«.

По догово́ру ку́пли-прода́жи на усло́виях фоб продаве́ц ука́зывает це́ну това́ра, включа́ющую сто́имость това́ра, тра́нспортные и други́е расхо́ды до моме́нта доста́вки гру́за на борт су́дна. При прода́же на усло́виях фоб продаве́ц обя́зан: доста́вить за свой счёт това́р в порт погру́зки, погрузи́ть про́данный това́р на борт су́дна, получи́ть чи́стый коносаме́нт и переда́ть его́ покупа́телю вме́сте со счётом. Продаве́ц отвеча́ет за любы́е поте́ри и поврежде́ния това́ра до моме́нта доста́вки его́ на борт су́дна.

Покупа́тель обя́зан: застрахова́ть су́дно и́ли обеспе́чить ме́сто на су́дне, извести́ть продавца́ о дне прибы́тия су́дна в порт погру́зки, произвести́ опла́ту передава́емых ему́ продавцо́м коносаме́нта и счёта, произвести́ все после́дующие перемеще́ния гру́за и нести́ свя́занные с э́тим расхо́ды.

На покупа́теле лежи́т риск случа́йной ги́бели и́ли по́рчи това́ра с моме́нта доста́вки его́ на борт су́дна.

КАФ – нача́льные бу́квы трёх англи́йских слов – c.a.f. – cost and freight, обознача́ющих сто́имость и фрахт. Продаве́ц обя́зан зафрахтова́ть су́дно и погрузи́ть това́р на его́ борт в устано́вленный в контра́кте срок. Расхо́ды по вы́грузке това́ра в порту́ назначе́ния несёт покупа́тель.

Фра́нко – усло́вия прода́жи, в соотве́тствии с кото́рыми продаве́ц обя́зан на свой счёт и риск доста́вить про́данный това́р в обусло́вленное догово́ром ме́сто, а покупа́тель обя́зан приня́ть его́ неме́дленно по прибы́тии и нести́ все дальне́йшие расхо́ды по вы́грузке, транспортиро́вке, хране́нию и свя́занному с э́тим ри́ску.

Фра́нко-ваго́н ста́нция . . . – усло́вия поста́вки, при кото́рых ука́зываются наименова́ние железнодоро́жной ста́нции, на кото́рой все права́ на това́р и отве́тственность за его́ дальне́йшее продвиже́ние, включа́я все расхо́ды, перехо́дят с продавца́ на покупа́теля. Э́то мо́жет быть ста́нция отправле́ния, промежу́точная ста́нция в пути́ сле́дования, ли́бо ста́нция назначе́ния.

Фра́нко-автомоби́ль – соотве́тствующие усло́вия поста́вки на грузовике́.

Фра́нко-аэропо́рт – соотве́тствующие усло́вия поста́вки на самолёте.

Фра́нко-тамо́женный склад – соотве́тствующие усло́вия поста́вки до на́званного в контра́кте тамо́женного скла́да.

Фра́нко-склад, заво́д – усло́вия поста́вки, при кото́рых продаве́ц обя́зан предоста́вить това́р в распоряже́ние покупа́теля на скла́де (заво́де), предусмо́тренном в догово́ре, для погру́зки на тра́нспортные сре́дства, предоста́вленные покупа́телем. С моме́нта получе́ния това́ра на скла́де (заво́де), покупа́тель стано́вится его́ со́бственником и несёт все расхо́ды по перево́зке.

Фра́нко-получа́тель – усло́вия поста́вки това́ра, при кото́рых ука́зывается а́дрес (склад) получа́теля. Э́то усло́вие предусма́тривает наибо́льший объём обя́занностей продавца́ и поэ́тому наибо́лее обремени́тельно для него́ (он несёт все расхо́ды и риск до прибы́тия това́ра к получа́телю).

2 – Ответьте на следующие вопросы.

1. В чём состоит разница между СИФ и КАФ?
2. Почему при установлении условий поставки продавец предпочитает ФОБ, а покупатель СИФ?
3. С какого момента получатель несёт расходы и риск при а) ФОБ б) СИФ в) ФАС г) Франко-вагон д) Франко-получатель е) Франко-завод?
4. Какие условия поставки Вы считаете самыми распространёнными в торговой практике? Почему?
5. Скажите своими словами, что обозначает »франко«?

Упаковка и маркировка товара – Упаковка товара

3

1 – Прочитайте следующий текст.

Упако́вка должна́ обеспе́чить по́лную сохра́нность това́ра от вся́кого ро́да поврежде́ний при перево́зке его́ мо́рем, по желе́зной доро́ге и сме́шанным тра́нспортом с учётом не́скольких перегру́зок в пути́ и дли́тельного хране́ния.

Ка́ждое упако́вочное ме́сто не должно́ превыша́ть сле́дующих разме́ров: длина́ – 10 000 мм, ширина́ – 3 000 мм, высота́ – 3 700 мм.

Поставщи́к обя́зан на ка́ждое ме́сто соста́вить упако́вочный лист. Оди́н экземпля́р упако́вочного листа́ в непромока́емом конве́рте вкла́дывается в я́щик с това́ром. Друго́й экземпля́р покрыва́ется металли́ческой пласти́ной, прибива́емой к вне́шней стороне́ я́щика и́ли прикрепля́ется непосре́дственно к това́ру при его́ поста́вке без упако́вки.

Кро́ме того́, до́лжен быть соста́влен пе́речень упако́вочных листо́в на ка́ждую компле́ктную едини́цу па́ртии това́ра, кото́рый вкла́дывается в пе́рвый я́щик. Все я́щики, кото́рые отно́сятся к одно́й па́ртии това́ра, пронумеро́ваны после́довательно и все я́щики маркиро́ваны. Вид упако́вки зави́сит от хара́ктера гру́за. Существу́ют, наприме́р, таки́е ви́ды упако́вки:

деревя́нный я́щик
Holzkiste

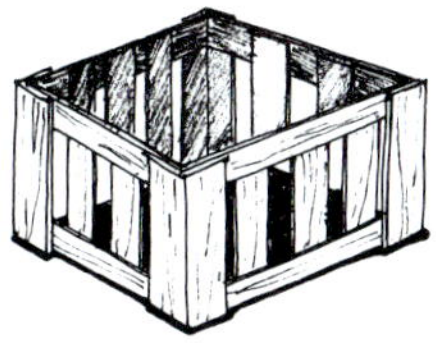

обрешётка
(я́щик из ре́ек)
Lattenkiste

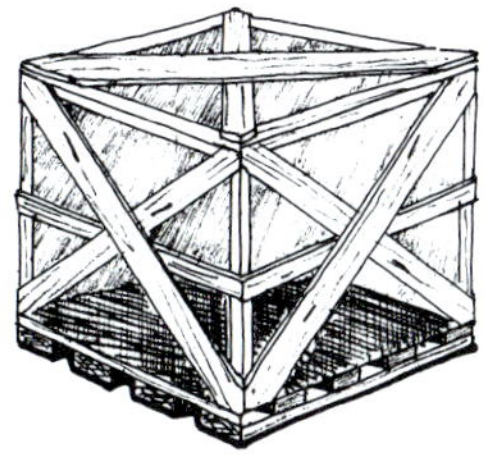

обрешётка
Lattenverschlag

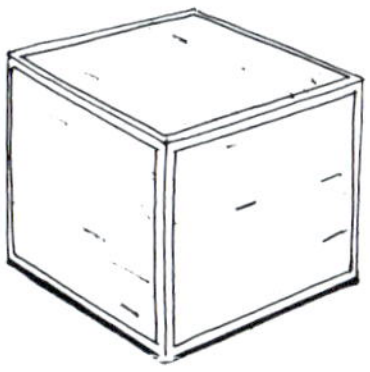

я́щик для ча́я
Teekiste

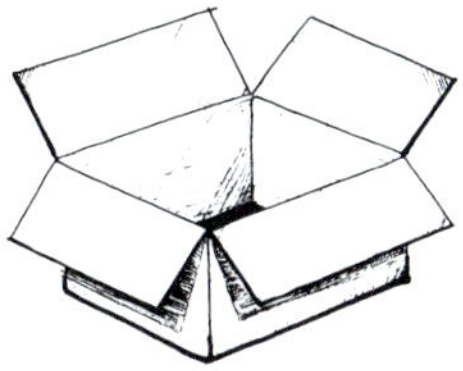

коро́бка
Pappkarton

ки́па /тюк
Ballen

мешо́к (Pl. мешки́)
Sack

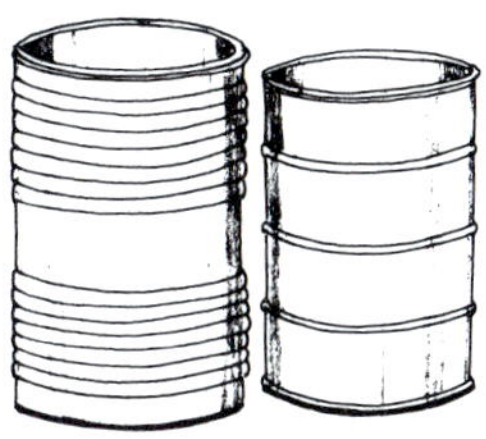

желе́зный бак
Metallbehälter, Boiler

бо́чка
Faß

поддо́н
Palette

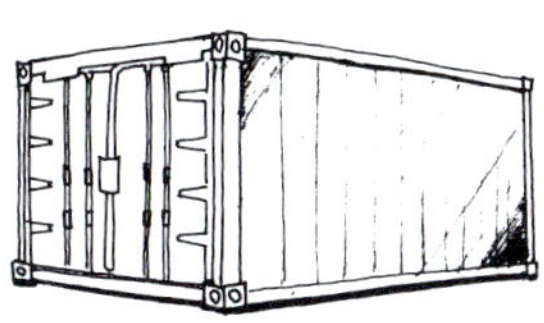

конте́йнер
Container

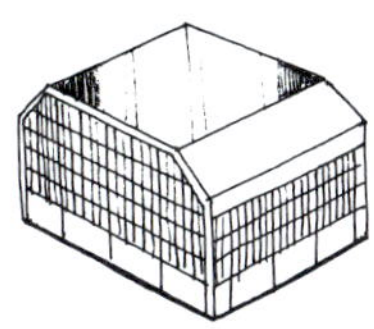

рефрижера́торный
я́щик
Kühlbox

рулóн
Rolle

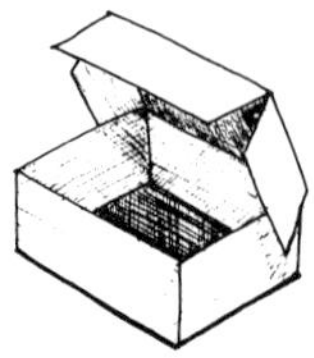

пáчка
Schachtel, Päckchen

пакéт
Tüte, Beutel

бáнка
Glas

консéрвная бáнка
Konservendose

буты́лка
Flasche

флакóн
Flakon

1 – Выучите новые слова.

обеспéчивать/обеспéчить	gewährleisten, garantieren, sichern
обеспéченный, обеспечéние	
сохрáнность, -и	Unversehrtheit, Sicherheit
вся́кий	jeder, jeder beliebige
перевóзка	Transport, Beförderung
смéшанный	gemischt, Misch-
хранéние	Aufbewahrung
превышáть/превы́сить	übertreffen, übersteigen
превы́шенный, превышéние	
непромокáемый	wasserdicht
вклáдывать/вложи́ть	hineinlegen, investieren
влóженный, вложéние	
пласти́на	Platte, Lamelle
прибивáть/приби́ть	anschlagen, annageln
приби́тый, приби́вка	
прикрепля́ть/прикрепи́ть	befestigen
прикреплённый, прикреплéние	
непосрéдственный	unmittelbar
пéречень, -ня	Verzeichnis, Register
пронумерóван	numeriert
послéдовательно	aufeinanderfolgend, folgerichtig

2 – Придумайте три вопроса по содержанию текста.

Маркировка ящика

4

В контра́кте ука́зывается, како́й должна́ быть маркиро́вка гру́за. Я́щики маркиру́ются с двух сторо́н. Маркиро́вка нано́сится отчётливо несмыва́емой кра́ской и она́ должна́ содержа́ть сле́дующие да́нные:

- наименова́ние предприя́тия-отправи́теля
- наименова́ние страны́ отправле́ния
- но́мер контра́кта
- но́мер зака́за
- наименова́ние страны́ и пу́нкта оконча́тельного назначе́ния
- наименова́ние получа́теля
- наименова́ние това́ра
- вес не́тто . . . кг
- вес бру́тто . . . кг
- разме́ры я́щика: длина́ . . . мм
ширина́ . . . мм
высота́ . . . мм
- но́мер я́щика.

Места́, требу́ющие специа́льного обраще́ния, должны́ име́ть дополни́тельную маркиро́вку, как ука́зано ни́же.

Специальная маркировка

5

1 – Прочитайте и переведите на немецкий язык.

ОСТОРО́ЖНО СТЕКЛО́

БОЙТСЯ СЫ́РОСТИ

ВЕРХ

ЯД, ОТРА́ВА

ЛЕГКО́ ВОСПЛАМЕНЯ́ЮЩАЯСЯ ЖИ́ДКОСТЬ

РАДИОАКТИ́ВНАЯ СУБСТА́НЦИЯ

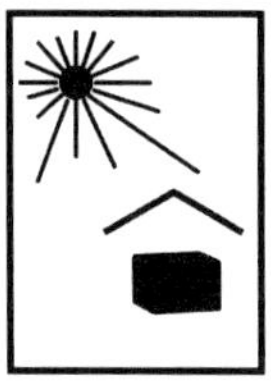

БОЙТСЯ СВЕ́ТА

БОЙТСЯ ТЕПЛА́

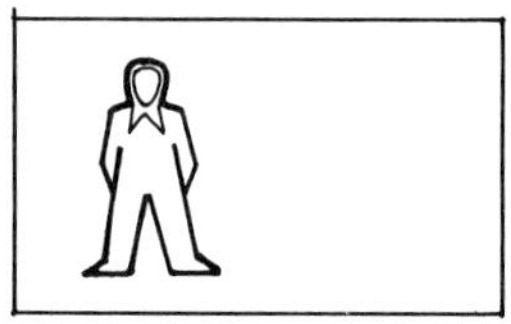

БОЙТСЯ ХО́ЛОДА

КРЮЧКА́МИ НЕ БРАТЬ

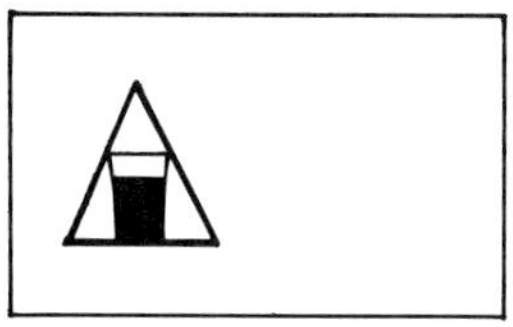

НЕ КАНТОВА́ТЬ

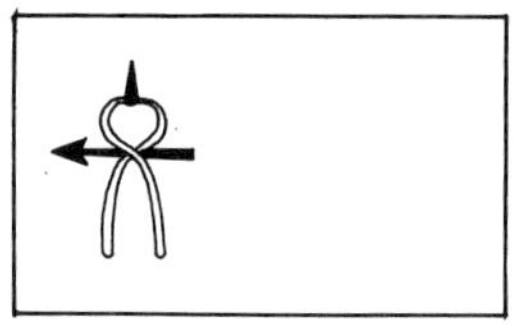

ЗДЕСЬ ОТКРЫВА́ТЬ

ЖИ́ДКОСТЬ

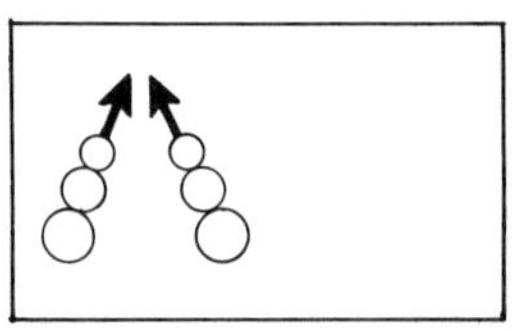

ЗДЕСЬ ПОДНИМА́ТЬ

2 – Выучите новые слова.

наноси́ть/нанести́	auftragen
нанесённый, нанесе́ние	
отчётливый	deutlich
несмыва́емый	wasserfest
сы́рость, -и	Feuchtigkeit
яд	Gift
воспламеня́ющийся	entzündlich
расти́тельное ма́сло	Pflanzenöl
ткань, -и	Gewebe, Stoff
хло́пок, -пка	Baumwolle

3 – Упражнения.

1. **Скажите, в какой упаковке транспортируются следующие товары?**

   а) растительное масло
   б) ткани кипами / тюками / рулонами тв.п.
   в) хлопок кипами / в мешках
   г) тока́рный стано́к в обрешётках
   д) запасные части для музыкального центра коробками / в коробках
   е) уголь в контейнерах
   ж) фарфо́ровый серви́з в деревянном ящике
   з) чай в мешках / в ящиках для чая
   и) рис в мешках

2. **Какой специальной маркировкой Вы обозначили бы упаковки товаров, названных в первом упражнении?**

3. **Составьте предложения по образцу а) и словосочетания по образцу б).**

   Образец: Груз – вес 50 кг
   стоимость 5 000 руб.

   а) Вес груза 50 кг. Стоимость груза 5 000 рублей.
   б) Груз весом 50 (пятьдесят) кг и стоимостью 5000 (пять тысяч) рублей

а) ящик – высота 1 м 35 см
длина 2 м 75 см
ширина 82 см

б) товар – стоимость 3 500 руб.
вес 120 кг

в) мешок – вес 50 кг
стоимость 2 375 руб.

г) рулон – длина 120 мм
диаметр 38 мм

д) упаковочное место – длина 7 м 32 см
высота 3 м 50 см
ширина 2 м 70 см

е) поддон – стоимость 25 380 руб.
объём 320 $м^3$ (кубический метр)

Образцы писем

1 – Прочитайте следующие образцы писем и скажите в одном предложении, о чём идёт речь в этих письмах.

2 – Подчеркните типовые фразы в этих письмах и запомните их.

Письмо 1

> Уважаемые дамы и господа!
>
> В соответствии с Вашим заказом н-р 82/5701 от 21 апреля с. г. мы поставим партии равномерно во всех кварталах. Первая поставка осуществляется 10 с. м. в 30 контейнерах теплоходом »Василий Шукшин« по условиям ФОБ, порт Гамбург.
>
> При этом высылаем дубликат коносамента и упаковочные листы.
>
> С сердечным приветом
>
> Приложение

Письмо 2

Уважаемые дамы и господа!

Согласно Вашему заказу н-р 60/5387 от 26 августа с. г. мы отправили Вам сегодня 200 фарфоровых сервизов типа »Роза« по железной дороге, франко-вагон, пограничная станция Брест.

Товар перевозится в 20 ящиках со специальной маркировкой »Осторожно стекло. Не кантовать.« Ящики пронумерованы последовательно от 1 до 20. Пустые ящики могут быть посланы обратно за половину проставленной цены.

В приложении к настоящему письму Вы найдёте дубликат железнодорожной накладной, упаковочные листы и гарантийное письмо ОТК.

Мы приложили все наши старания, чтобы точно выполнить Ваш заказ, и надеемся, что товары прибудут к Вам своевременно и в хорошем состоянии.

Мы были бы рады получить Ваши дальнейшие заказы, которые мы будем выполнять с большой тщательностью.

С сердечным приветом

Приложение

Письмо 3

Уважаемые дамы и господа!

Вследствие большого спроса наших заказчиков мы хотели бы попросить Вас поставить первую партию товаров не в июле с. г., как предусмотрено в заказе н-р 59/8072 от 30 октября прошлого года, а уже в мае.

Мы были бы Вам очень благодарны и остаёмся

с сердечным приветом

Письмо 4

Уважаемые дамы и господа!

Мы имеем честь сообщить Вам, что мы можем поставить первую партию вышеуказанного заказа уже в начале мая.

Согласно этому заказу перевозка осуществляется по железной дороге в 10 контейнерах.

Разрешите напомнить Вам, что расходы на страхование грузов составляют . . . руб. и идут за счёт покупателя.

С сердечным приветом

Письмо 5

Уважаемые дамы и господа!

К сожалению, мы не могли выполнить Ваш заказ н-р 33/4620 от 2 июля 19.. г. в полной мере, так как большое число заказов на эти товары задержало эту отправку.

Мы обещаем поставить остаток товаров до конца этого месяца.

С сердечным приветом

Письмо 6

Уважаемые дамы и господа!

Мы сегодня получили товары по вышеупомянутому заказу в хорошем состоянии, и упаковочный лист соответствует счёту.

Мы удовлетворены качеством полученных товаров и надеемся в ближайшее время вновь разместить у Вас заказ.

С сердечным приветом

Письмо 7

О поставке автомобилей АК-120 по контракту н-р 29574

Уважаемые дамы и господа!

Как мы уже сообщали Вам ранее письмом от 12 апреля 19-г., на автомобилях, поставляемых Вам, устанавливается новая система зажигания, стоимость которой определена в размере . . . руб. за единицу.

Одновременно ставим Вас в известность, что на автомобилях АК-120 вместо генератора постоянного тока устанавливается генератор переменного тока. Стоимость генератора переменного тока составит . . . руб. за штуку.

Таким образом, стоимость автомобиля АК-120 с учётом вышеуказанных изменений повышается на . . . руб.

С сердечным приветом

Приложение: техническая документация на 5 листах в 3-х экземплярах

3 – Выучите новые слова.

пограни́чный	Grenz-
ОТК – отде́л техни́ческого контро́ля	Abteilung für technische Kontrolle
проста́вленный	eingesetzter, d. h. berechneter
тща́тельность, -и	Sorgfalt, Genauigkeit
предусмо́трено	vorgesehen
вышеупомя́нутый	oben erwähnter
зажига́ние	Zündung
ток	elektrischer Strom
постоя́нный –	Gleichstrom
переме́нный –	Wechselstrom

Типовые фразы

Прочитайте следующие типовые фразы и тренируйте обратный перевод на немецкий или русский язык.

1 – Вступи́тельные предложе́ния.

а) Подтвержда́я на́ше пи́сьмо от . . . мы отпра́вили сего́дня 10 маши́н ти́па . . ., погружённых на теплохо́д »Восто́к«, кото́рый отправля́ется за́втра и вероя́тно 5-го а́вгуста прибу́дет в Га́мбург.	In Bestätigung unseres Schreibens vom . . . haben wir heute 10 Maschinen des Types . . . abgesandt und an Bord des Motorschiffes »Vostok«, das morgen in See geht und voraussichtlich am 5. August in Hamburg ankommt, verladen.
б) Това́ры, зака́занные по ото́бранным образца́м, тепе́рь гото́вы для отпра́вки.	Die nach ausgewählten Mustern bestellten Waren sind jetzt zur Verladung bereit.
в) Извеща́ем Вас, что в исполне́нии Ва́шего зака́за отгру́зка состои́тся в тече́ние не́скольких дней.	Wir teilen Ihnen mit, daß in Ausführung Ihres Auftrages die Verladung in einigen Tagen stattfindet.
г) Сообщи́те нам, пожа́луйста, Ва́ши указа́ния относи́тельно отпра́вки това́ров.	Teilen Sie uns bitte Ihre Versandanweisungen mit.
д) Мы отпра́вили това́ры на основа́нии вышеупомя́нутого зака́за.	Wir haben die Waren entsprechend dem oben erwähnten Auftrag abgesandt.
е) По полу́ченным све́дениям	Eingegangenen Meldungen zufolge
– теплохо́д до́лжен прибы́ть в Га́мбург 21-го ма́я.	soll das Motorschiff am 21. Mai in Hamburg ankommen.
– теплохо́д ожида́ется на сле́дующей неде́ле.	wird das Motorschiff in der nächsten Woche erwartet.

ж) Согла́сно Ва́шему жела́нию мы прило́жим все стара́ния, что́бы вы́полнить зака́з	Ihrem Wunsch entsprechend werden wir alle Anstrengungen unternehmen, den Auftrag auszuführen
– в нача́ле сле́дующего ме́сяца.	Anfang nächsten Monats.
– в тече́ние неде́ли.	innerhalb einer Woche.

2 – Ви́ды тра́нспорта

а) Поста́вка должна́ быть осуществлена́	Die Lieferung soll erfolgen
– морски́м путём.	auf dem Seeweg.
– грузовы́м автотра́нспортом (грузовико́м).	per LKW.
– рефрижера́тором.	per Kühlschiff.
– на грузово́м су́дне.	per Frachter.
– свои́м тра́нспортом.	mit eigenem Transportmittel.
– тра́нспортными сре́дствами покупа́теля.	mit den Transportkapazitäten des Käufers.
– тра́нспортным аге́нством.	mit einer Spedition.
– в 15-и конте́йнерах.	in 15 Containern.
– на усло́виях фоб, фас, сиф.	fob, fas, c.i.f.
б) Су́дно хо́дит под ча́ртером.	Das Schiff fährt unter Chartervertrag.

в) Ва́ша маши́на гото́ва. Вы мо́жете прие́хать за ней в любо́е вре́мя.	Ihre Maschine ist fertig. Sie können sie jederzeit abholen.
г) Про́сим подтверди́ть получе́ние отгру́зочных докуме́нтов.	Wir bitten Sie, den Erhalt der Versanddokumente zu bestätigen.

3 – Страхова́ние и по́шлина

а) Страхова́ние това́ра осуществля́ется за счёт зака́зчика.	Die Versicherung der Ware geht auf Kosten des Kunden.
б) Расхо́ды на страхова́ние несёт покупа́тель.	Die Versicherungskosten trägt der Käufer.
в) Для упла́ты по́шлины	Für die Verzollung
– сле́дует сообщи́ть все да́нные о ве́се и ме́рах.	sind alle Einzelheiten über Gewicht und Maße anzugeben.
– в счёте ука́заны вес бру́тто и не́тто и габари́ты ка́ждого я́щика.	sind auf der Rechnung das Brutto- und Nettogewicht sowie die Abmessungen jeder Kiste angegeben.

4 – Промедле́ние поста́вки и усло́вная поста́вка

а) Промедле́ние бы́ло вы́звано	Die Verzögerung wurde hervorgerufen
– несча́стным слу́чаем.	durch einen Unglücksfall.
– вследствие фо́рса мажо́ра.	infolge von Höherer Gewalt.
– вследствие большо́го спро́са.	aufgrund großer Nachfrage.
б) Наде́емся, что э́та заде́ржка не причини́т Вам неприя́тностей.	Wir hoffen, daß die Verzögerung Ihnen keine Unannehmlichkeiten bringt.

в) Про́сим Вас ещё раз извини́ть за промедле́ние при исполне́нии Ва́шего зака́за.	Wir bitten Sie nochmals, die Verzögerung bei der Ausführung Ihres Auftrages zu entschuldigen.
г) Мы мо́жем отпра́вить това́ры лишь в том слу́чае, е́сли Вы запла́тите де́ньги по счёту в . . . банк.	Wir können die Waren nur abschicken, wenn Sie den Rechnungsbetrag bei der . . . Bank einzahlen.
д) Това́ры бу́дут Вам поста́влены то́лько	Die Waren werden Ihnen nur zugestellt
– по получе́нии платежа́ в разме́ре полови́ны су́ммы по счёту.	nach Empfang des halben Rechnungsbetrages.
– при поручи́тельстве первокла́ссного ба́нка.	gegen Bürgschaft einer erstklassigen Bank.

5 – Части́чная поста́вка и упако́вка

а) Това́ры бу́дут поста́влены части́чными отпра́вками.	Die Waren werden in Teilsendungen geliefert werden.
б) Мы про́сим извине́ния/Мы извиня́емся относи́тельно оста́тка по зака́зу н-р . . . от . . ., наме́ченного на́ми к отпра́вке в конце́ а́вгуста.	Wir bitten um Entschuldigung/ Wir entschuldigen uns wegen des Restes Ihrer Bestellung Nr. . . . vom . . ., dessen Lieferung wir für Ende August vorgesehen haben.
в) Това́р отгружа́ется в го́дной для э́кспорта упако́вке.	Die Ware wird in exportgemäßer Verpackung versandt.
г) Мы упакова́ли всю па́ртию в оди́н я́щик.	Wir haben die gesamte Warensendung in eine Kiste verpackt.
д) За упако́вку, кото́рая бу́дет возвращена́ в хоро́шем состоя́нии, возмеща́ется по́лная сто́имость.	Für Verpackung, die in gutem Zustand zurückgesandt wird, wird der volle Preis vergütet.

6 – Заключи́тельные предложе́ния.

а) В наде́жде, что э́та сде́лка даст по́вод к дальне́йшим зака́зам . . .	In der Hoffnung, daß dieses Geschäft Sie zu weiteren Aufträgen veranlassen wird . . .
б) Мы наде́емся, что благодаря́ той тща́тельности, с кото́рой мы отнесли́сь к выполне́нию Ва́шего зака́за, мы и в дальне́йшем смо́жем рассчи́тывать на заключе́ние сде́лок.	Wir hoffen, daß die Sorgfalt, die wir auf die Ausführung Ihres Auftrages verwendet haben, zu weiteren Geschäften zwischen uns führen wird.
в) Всегда́ гото́вы к Ва́шим услу́гам . . .	Stets gerne zu Ihren Diensten . . .

Упражнения

8

1 – Переведите эти слова на немецкий язык, запомните их и образуйте предложения с ними.

груз Fracht
груз- ово́й Fracht-
груз- ови́к Lastwagen
по-груж-а́ть eintauchen
по-груз- и́ть
по-гру́ж-енный beladen
по-гру́з- ка
от-груж-а́ть entladen
от-груз- и́ть
от-гру́ж-енный
от-гру́з- ка

вы-груж-а́ть ausladen
вы́-груз- ить
вы́-груж-енный
вы́-груз- ка
за-груж-а́ть
за-груз- и́ть
за-гру́ж-енный
за-гру́з- ка
пере-груж-а́ть umladen
пере-груз- и́ть
пере-гру́ж-енный
пере-гру́з- ка

Грузовое судно - Frachtschiff

2 – Найдите синонимы.

1 перевозка
2 дубликат
3 оферта
4 вывоз
5 импорт
6 транспортное агенство
7 воздушная перевозка

3 предложение
2 копия
4 экспорт
7 перевозка самолётом
6 экспедиция , логистика
1 транспорт
5 ввоз

3 – Переведите на русский язык с помощью данных ниже слогов (Silben).

1. Eisenbahn
2. Frachtbrief
3. LKW
4. Ankunft
5. Angebot
6. Beschädigung
7. Spedition
8. Verlust
9. Versicherungskosten
10. Verladung
11. Ware
12. Sendung (Waren-)
13. Verpackungslisten
14. Verkäufer
15. Käufer

а – бы – ва – вар – вец – вик – во – воч – вреж – га – гентст – гру – груз – да – де – ди – до – ды – же – же – зо – ка – клад – ко – ку – лез – ли – ло – на – ная – ная – ние – ние – нию – но – ное – ные – па – па – пар – пе – по – по – по – по – по – порт – пред – при – про – рас – ро – ря – стра – сты – те – тель – тие – тия – то – транс – у – хо – хо – цион – экс

Сроки поставки

9

1 – Прочитайте и запомните следующие фразы.

Начало предложения

Товар	поставляется ...	Die Ware	wird geliefert ...
	будет поставлен ...		wird geliefert werden ...
	может быть поставлен ...		kann geliefert werden ...
	должен быть поставлен ...		soll geliefert werden ...
	будет отгружен ...		wird verladen werden ...

Поставка (товара) будет произведена/ осуществлена . . .	Die Lieferung (der Ware) erfolgt/wird realisiert . . .
Поставка должна быть произведена/ осуществлена . . .	Die Lieferung soll erfolgen/realisiert werden . . .
Мы можем поставить товар . . .	Wir können die Ware liefern . . .

Виды поставки

. . . ежемесячно равными партиями.	. . . monatlich in gleichen Mengen.
. . . двумя равными партиями.	. . . zu zwei gleichen Partien.
. . . на условиях фоб порт С.-Петербург	. . . fob Hafen St. Petersburg.
. . . по договорённости.	. . . nach Vereinbarung.

Сроки поставки

. . . 12 (-го) мая . . . г.	. . . am 12. Mai . . .
. . . в первом (во втором, в третьем, в четвёртом) квартале.	. . . im I. (II., III., IV.) Quartal.
. . . в 3 и 4 (-ем/-ом) кварталах текущего года.	. . . im 3. und 4. Quartal des laufenden Jahres.
. . . в мае и сентябре с. г.	. . . im Mai und September d. J.
. . . 15 (-ого) с. м.	. . . am 15. d. M.
. . . в течение года.	. . . im Laufe des Jahres.
. . . в течение января с. г.	. . . im Laufe des Januars d. J.
. . . не позднее конца текущего года.	. . . spätestens bis Jahresende.
. . . 3 месяца со дня получения заказа.	. . . 3 Monate nach Eingang der Bestellung.
. . . 10 рабочих недель со дня получения заказа.	. . . 10 Arbeitswochen nach Erhalt der Bestellung.
. . . 2 месяца со дня открытия аккредитива.	. . . 2 Monate nach Eröffnung des Akkreditivs.
. . . на этой/будущей/прошлой неделе.	. . . in dieser/in der nächsten/in der vergangenen Woche
. . . в этом/будущем/прошлом году.	. . . in diesem/nächstem/vergangenem Jahr.
. . . через три недели/месяца.	. . . in drei Wochen/Monaten.
. . . в первом/во втором полугодии.	. . . im ersten/zweiten Halbjahr.
. . . с двух до трёх часов.	. . . von zwei bis drei Uhr.
. . . в начале/конце с. г./мая.	. . . Anfang/Ende d. J./Mai.
. . . в эти дни.	. . . in diesen Tagen.
. . . в первой/во второй половине дня.	. . . am Vormittag/Nachmittag.

... за два дня до конца месяца	... zwei Tage vor Monatsende
... за неделю до конца квартала	... eine Woche vor Quartalsende

2 – Другие сроки поставки.

короткие сроки поставки	kurze Lieferfristen
кратчайший срок	die kürzeste Frist
крайний срок	die äußerste Frist
годичный срок	die Jahresfrist
месячный срок	die Monatsfrist
льготный срок	die Sonderfrist
гарантийный срок	die Garantiefrist
срочная поставка	unverzügliche Lieferung
с немедленной поставкой	mit sofortiger Lieferung
Часть поставки переносится на первый квартал следующего года.	Ein Teil der Lieferung wird auf das erste Quartal des kommenden Jahres verschoben.

3 – Измените конец следующего предложения и скажите по-русски:

Поставка товара будет осуществлена ...

- nächste Woche
- in 2 Monaten
- im Laufe des zweiten Halbjahres
- im September des laufenden Jahres
- am Ende diesen Quartals
- am Nachmittag des 25. August d. J.
- zu zwei gleichen Partien im 2. und 4. Quartal nächsten Jahres
- in 3 Wochen
- am 10. September gegen 19.00 Uhr
- spätestens bis Jahres-/Quartalsende
- am 18. d. M.
- Anfang Januar nächsten Jahres
- 3 Wochen vor Ablauf dieses Quartals

4 – Переведите на русский язык.

1. Ihrem Wunsch entsprechend bemühen wir uns, Anfang nächsten Jahres zu liefern.
2. Die Verladung beginnt in zwei Tagen.
3. Die Lieferung per LKW erfolgt Ende dieser Woche.
4. Eingegangenen Informationen zufolge soll das Kühlschiff am 23. d. M. im Hafen von St. Petersburg einlaufen.
5. Bitte teilen Sie uns bis heute Nachmittag Ihre Versandanweisungen mit.
6. Die erste Warensendung wird morgen abgeschickt.

5 – Напишите соответствующие факсы по-русски.

a) Bitten Sie Ihren Geschäftspartner um Beschleunigung der Lieferung von 2000 t Erz, da Sie die Ware schnellstmöglich benötigen.

b) Konkretisieren Sie Ihre Bestellung Nr. . . . vom . . . und bitten Sie um Lieferung im 2. und 3. Quartal zu gleichen Mengen.

c) Entschuldigen Sie sich für die Lieferverzögerung der Ware X aufgrund von Höherer Gewalt. Teilen Sie mit, daß Sie hoffen, bis zum 30. April d. J. liefern zu können.

d) Bitten Sie Ihren Geschäftspartner um Mitteilung, ob die Lieferung in diesem Monat erfolgen kann.

e) Informieren Sie Ihren Geschäftspartner über den Erhalt der letzten Teillieferung der Waren vom Auftrag Nr. . . . vom . . .

6 – Напишите деловые письма.

Письмо 1

Teilen Sie Ihrem Geschäftspartner mit, daß Sie gemäß Vertrag Nr. 31/6091 am 13. Oktober d. J. mit der Verladung der Ersatzteile beginnen.

Письмо 2

Bedauern Sie, daß Sie aufgrund eines Unglücksfalles in Ihrem Betrieb die vertraglich festgelegten (Nr. 20855) Lieferfristen nicht einhalten können und schlagen Sie neue vor.

Письмо 3

Bitten Sie Ihren Geschäftspartner um Zustimmung zur Lieferung des Auftrags Nr. . . . in Containern und nicht wie im Vertrag vorgesehen in Waggons. Diese Veränderung wurde notwendig aufgrund des Wunsches um vorfristige Lieferung bereits im 2. Quartal d. J.

Письмо 4

Bitten Sie Ihren Geschäftspartner um Genehmigung, mit der Entladung der Ware beginnen zu können, um Stehzeiten und damit verbundene Kosten und evtl. Schäden zu vermeiden.

Запомните новое слово.

просто́й	Stehzeit, Ausfallzeit

Переговоры по телефону

10

Прочитайте следующий разговор по телефону. Перескажите основную мысль разговора своими словами.

Господин Шнайдер, представитель фирмы »Интерэлекс«, звонит в фирму »Электроника«.

Господин Шнайдер: С Вами говорит г-н Шнайдер из фирмы »Интерэлекс« из Франкфурта на Майне. Мне необходимо поговорить с господином Комаровым.

Секретарь: Аппарат господина Комарова занят. Вам придётся немного подождать.

Ш: Хорошо. Я подожду.

К: Комаров у телефона.

Ш: С Вами говорит представитель фирмы »Интерэлекс« из Франкфурта на Майне. Моя фамилия – Шнайдер. Я говорю с Вами по поручению господина Гримма. Он хотел бы выяснить два вопроса. Во-первых, нам нужны инструкции о порядке отгрузки 1500 магнитофонов.

К: Но ведь мы вам переслали эти инструкции ещё 25-ого прошлого месяца.

Ш: К сожалению, мы ещё не получили этого письма.

К: Тогда сегодня же я передам эти инструкции ещё раз по факсу.

Ш: Большое Вам спасибо. А теперь второй вопрос. Мы обращаемся к Вам с просьбой дать своё согласие на поставку первой партии товаров, значит 750 штук, в конце этого месяца, а второй партии через 14 недель. Так как наш субпоставщик поставил нас в трудное положение, нам невозможно поставить всю партию в согласованный срок.

К: К сожалению, я сразу не могу дать своё согласие на такую замену. Нам необходимо рассмотреть наш контракт и лишь через один-два дня я смогу сообщить Вам по телефону наше решение по этому вопросу.

Ш: Я Вам очень благодарен. Значит, я буду ждать Вашего звонка.

К: Хорошо. Я попрошу Вас передать привет господину Гримму и сказать ему, что я постараюсь выполнить его просьбу. Всего доброго.

Ш: Ещё раз большое Вам спасибо. До свидания.

1 – Выучите новые слова.

по поруче́нию	im Auftrag
субпоставщи́к	Zulieferer

2 – Позвоните господину Шнайдеру по поручению господина Комарова и скажите, что Вы согласны с новыми сроками поставки.

3 – Напишите деловое письмо с подтверждением сроков поставки.

4 – Проведите разговор по телефону в двоём по следующим данным:

А	Б
– Вы хотите согласовать с вашим партнёром новые сроки поставки, I-й, II-й квартал с. г., зарегистрировать в контракте	– I-й квартал уже начался, этот срок нереальный, невозможно фиксировать в контракте
– Вы возражаете – заказ передавали в мае – прошлый год	– Вы извиняетесь, объясняете трудности – невозможно поставлять приборы – I-й квартал, заводы полностью загружены заказами
– Вы просите решить вопрос как можно быстрее	– невозможно соблюдать сроки, назовите причины
– Вы просите хотя бы немного сократить сроки поставки	– первая партия – конец мая, вторая – середина июня
– Вы заинтересованы в срочной поставке, Вы попросите поставить первую партию – в конце апреля	– Вы хотите попробовать выполнить просьбу

Дополнительные упражнения.

1 – Возьмите на себя роль переводчика в следующем диалоге.

А	Б
Guten Tag. Gestatten Sie mir bitte einige Fragen zur Abwicklung unserer Warenlieferverträge von Hannover nach St. Petersburg.	Добрый день. Пожалуйста. В чём дело?
Aus unserem Fax dürfte Ihnen bekannt sein, daß unsere Absender einige Güter für Ihre Empfänger nicht wie im Vertrag vorgesehen in Waggons, sondern in Container verladen möchten.	Да, мы получили Ваш факс. К сожалению, мы ещё не могли ответить, так как мы только что получили ответ от наших приёмщиков.
Unsere Firma, die sich mit diesen Transportfragen beschäftigt, hat mich gebeten, mit Ihrer Firma Kontakt aufzunehmen und durch Sie die Meinung der Empfänger zu erfahren.	Мы можем сообщить Вам, что вышеуказанные получатели согласны с перегрузкой в контейнеры.
Das ist großartig.	Во время наших переговоров мы одновременно проверили, могут ли Ваши отправители транспортировать экспортные товары из России обратно в Германию. По возможности мы хотели бы избежать холостых пробегов контейнеров.
Das ist verständlich.	При этом мы могли выявить несколько внешнеторговых товаров, которые подходят для

контейнерного транспорта. Пожалуйста, проинформируйте Ваших нижеуказанных получателей и попросите их согласие на перегрузку товаров в контейнеры.

Ja, natürlich. Sobald ich das Einverständnis der Empfänger erhalten habe, werde ich es Ihnen mitteilen.

Спасибо.

Vielen Dank für das Gespräch. Auf Wiedersehen.

Спасибо Вам большое.
До свидания.

2 – Через два дня Вы получаете ответ от Ваших заказчиков. Позвоните своему русскому партнёру и скажите, что они согласны на транспортировку в контейнерах.

3 – Напишите письмо-подтверждение на основе телефонного разговора.

Цена – счёт – платёж 7

1

Цена

1 – Прочитайте и переведите текст.

Це́ны и це́новые ски́дки

В просто́м понима́нии цена́ - э́то де́нежное выраже́ние сто́имости това́ра и́ли услу́ги.

Образова́ние цен име́ет три основны́е предпосы́лки:

- да́нный това́р до́лжен удовлетворя́ть определённую потре́бность,
- това́р до́лжен предлага́ться на ры́нке,
- на э́тот това́р до́лжен существова́ть спрос.

В ры́ночной эконо́мике ценообразова́ние происхо́дит, как пра́вило, путём предложе́ния и спро́са на ры́нке. Чем бо́льше предложе́ние, тем ни́же цена́, и наоборо́т, е́сли предложе́ние уменьша́ется, то цена́ увели́чивается. Ценообразова́ние, одна́ко, происхо́дит под влия́нием мно́жества разли́чных фа́кторов, поэ́тому оно́ явля́ется весьма́ сло́жной пробле́мой эконо́мики.

Во вне́шней торго́вле применя́ются сле́дующие це́ны:

Ба́зисная цена́. Она́ устана́вливается на това́р, име́ющий зара́нее огово́ренный станда́рт ка́чества. Возмо́жные отклоне́ния от него́ огова́риваются в контра́кте систе́мой ски́док и надба́вок.

Факту́рная цена́. Она́ определя́ется усло́виями поста́вки, чётко сформули́рованными в контра́кте.

Мирова́я цена́. Мировы́е це́ны сырьевы́х това́ров определя́ются у́ровнем цен стран-экспортёров и́ли стран-импортёров.

Мировы́е це́ны други́х това́ров определя́ются це́нами междунаро́дных бирж и́ли аукцио́нов. Мировы́е це́ны гото́вых изде́лий определя́ются це́нами това́ров веду́щих фирм ми́ра, специализи́рующихся на произво́дстве и э́кспорте проду́кции да́нного ви́да.

Монопо́льная цена́. Разме́р её в зави́симости от конъюнкту́ры ры́нка мо́жет быть вы́ше и́ли ни́же цены́ произво́дства, но о́бщей тенде́нцией при э́том явля́ется то, что фи́рмы на свою́ проду́кцию стремя́тся установи́ть монопо́льно высо́кие це́ны, а на проду́кцию, приобрета́емую у други́х фирм, - бо́лее ни́зкие.

Номина́льная цена́. Она́ публику́ется в прейскура́нтах, спра́вочниках и биржевы́х котиро́вках. Ча́ще всего́ така́я цена́ явля́ется ориенти́ром при заключе́нии контра́кта.

О́птовая цена́. Она́ устана́вливается на това́р, поставля́емый кру́пными па́ртиями.

Спра́вочная цена́. Она́ обы́чно отража́ет у́ровень факти́чески заключённых сде́лок за како́й-то коро́ткий отре́зок вре́мени (неде́ля, ме́сяц). Испо́льзуется в перегово́рах на предме́т заключе́ния контра́кта в ка́честве первонача́льной (исхо́дной) цены́. Ча́ще всего́ применя́ется при заключе́нии сде́лок на сро́чную прода́жу небольши́ми па́ртиями.

Ски́дка с цены́. В усло́виях свобо́дного ценообразова́ния комме́рческие предприя́тия ча́сто устана́вливают це́новые ски́дки с це́лью стимули́рования сбы́та проду́кции.

Ски́дки с цены́ осо́бенно широко́ распространены́ в междунаро́дной торго́вле. Це́ны, первонача́льно объявля́емые поставщика́ми в прейскура́нтах, но́сят спра́вочный хара́ктер и, как пра́вило, корректи́руются в хо́де перегово́ров с покупа́телями.

Наибо́лее распространены́ сле́дующие це́новые ски́дки:

1. Бо́нусные ски́дки предоставля́ются кру́пным опто́вым покупа́телям, как пра́вило, постоя́нным клие́нтам не за ка́ждую отде́льную сде́лку, а за обусло́вленный объём оборо́та в год.

Бо́нусные ски́дки достига́ют 7–8 (семи́ - восьми́) проце́нтов сто́имости оборо́та.

2. Вре́менные ски́дки применя́ются гла́вным о́бразом в торго́вле проду́кцией ма́ссового спро́са, име́ющей сезо́нный хара́ктер.

3. Ди́лерские ски́дки (ски́дки посре́дникам) предоставля́ются опто́вым и ро́зничным торго́вцам, аге́нтам и посре́дникам. Эти ски́дки должны́ покрыва́ть расхо́ды ди́леров на прода́жу и се́рвис и обеспе́чивать им определённый разме́р при́были.

4. Закры́тые ски́дки предоставля́ются на проду́кцию, обра-зу́ющуюся в за́мкнутых экономи́ческих едини́цах, наприме́р во внутрифи́рменных поста́вках и́ли во вну́тренней торго́вле междунаро́дных за́мкнутых группиро́вок.

5. Коли́чественные ски́дки (ски́дки за коли́чество), разме́р кото́рых меня́ется в зави́симости от величины́ и́ли сери́йности зака́за.

6. Ски́дки »ско́нто« предоставля́ются за опла́ту наличны́ми и́ли за долгосро́чное осуществле́ние платеже́й по сравне́нию с контра́ктом.

7. Специа́льные ски́дки предоставля́ются покупа́телям, с кото́рыми фи́рма име́ет дли́тельные свя́зи (ски́дки за ве́рность) и други́е фо́рмы осо́бых отноше́ний. Разме́ры э́тих ски́док представля́ют комме́рческую та́йну фирм и мо́гут быть определены́ то́лько оце́ночно.

2 – Выучите новые слова и выражения.

мно́жество	Vielzahl, Vielheit
цена́	Preis
ба́зисная цена́	Basispreis
факту́рная цена́	Fakturpreis, Vertragspreis
мирова́я цена́ (цена́ мирово́го ры́нка)	Weltmarktpreis
монопо́льная цена́	Monopolpreis
номина́льная цена́ (спи́сочная цена́)	Listenpreis, Nominalpreis

о́птовая цена́	Großhandelspreis
спра́вочная цена́	Auskunftspreis
огова́ривать/оговори́ть	vereinbaren, absprechen
огово́ренный, огово́рка	
отклоне́ние	Abweichung
приба́вка, надба́вка	Zuschlag, Aufschlag
чёткий	deutlich,klar
у́ровень, -вня	Niveau, Höhe, Stand
зави́сеть, он зави́сит	abhängen
зави́симость, -и	Abhängigkeit
в зави́симости от конъюнкту́ры	in Abhängigkeit von der Konjunktur
приобрета́ть/приобрести́	erwerben
приобретённый, приобрете́ние	
ценообразова́ние	Preisbildung
сбыва́ть/сбыть	(Waren) absetzen
сбы́тый, сбыт	
первонача́льный	ursprünglich
ски́дка	Rabatt, Preisnachlaß
бо́нусная -	Bonus
вре́менная -	Saisonrabatt
ди́лерская -	Wiederverkäuferrabatt
закры́тая -	verdeckter Rabatt
коли́чественная -	
(= ски́дка за коли́чество)	Mengenrabatt
ски́дка ско́нто	Skonto
ски́дка за ве́рность	Treuerabatt
оборо́т	Umsatz
торго́вец, -вца	Händler
опто́вый -	Großhändler
ро́зничный -	Einzelhändler
за́мкнутый	geschlossen
сери́йность, -и	Serienmäßigkeit
долгосро́чный	langfristig
дли́тельный	dauernd, langwährend
оце́нивать/оцени́ть	bewerten, einschätzen, beurteilen
оценённый, оце́нка	
оце́ночный	
та́йна, комме́рческая та́йна	Geheimnis, Geschäftsgeheimnis
та́йный (= секре́тный)	geheim

3 – Прочитайте примеры вслух. Обратите внимание на правильное ударение слова цена.

Высо́кая цена́. Мы заплати́ли высо́кую це́ну за но́вую маши́ну. Това́ры продаю́тся по ни́зкой цене́. Мы дово́льны э́той цено́й. Э́кспортная компа́ния измени́ла це́ны на нефть и газ. Мы сра́вниваем но́вые це́ны с прошлого́дными це́нами.

Обратите внимание на применение слова цена: Цена́ (це́ны) на у́голь, на газ, на маши́ны, на сырьё, на запасны́е ча́сти (то-есть на продукты или товары)

Цена́ (це́ны) за едини́цу това́ра, за сто штук, за ты́сячу компью́теров, за деся́ток руло́нов, за килогра́мм, за це́нтнер (= 50 кг), за то́нну, цена́ за прое́зд на метро́, за биле́т (то-есть за количество, за единицу).

4 – Выучите глаголы и образуйте с ними новые предложения по нижеуказанному образцу:

	Настоящее время	Прошедшее время (совершенный вид)	
На́ша фи́рма	назнача́ет изменя́ет снижа́ет (понижа́ет) ука́зывает поднима́ет устана́вливает пересма́тривает подтвержда́ет вво́дит но́вую сбива́ет	назна́чила измени́ла сни́зила (пони́зила) указа́ла подняла́ установи́ла пересмотре́ла подтверди́ла ввела́ но́вую сби́ла	це́ну за едини́цу това́ра
	уступа́ет	уступи́ла	в цене́

Образец: Наш но́вый дире́ктор ... це́ну за разли́чные услу́ги.

Выучите важные глаголы: Це́ны образу́ются на ры́нке, де́ржатся высоко́/ни́зко, де́ржатся на высо́ком/ни́зком у́ровне, па́дают, расту́т, коле́блются, обознача́ются в контра́кте ци́фрой и про́писью.

5 – Прочитайте следующие типовые фразы и тренируйте обратный перевод на немецкий и русский язык.

1. Це́ны на това́ры ука́заны в прейскура́нте.	Die Warenpreise sind in der Preisliste angegeben.
2. В це́ну включена́ сто́имость та́ры и упако́вки.	Im Preis sind die Kosten für Behälter und Verpackung inbegriffen.
3. Цена́ понима́ется фра́нко грани́ца ФРГ.	Der Preis versteht sich franko Grenze BRD.
4. Мы снижа́ем це́ну за просро́чку на 8 проце́нтов.	Wir senken den Preis wegen des Lieferverzugs um 8 Prozent.
5. В тече́ние го́да цена́ на бензи́н повыша́лась три ра́за.	Im Laufe eines Jahres wurde der Benzinpreis dreimal erhöht.
6. При сро́чной опла́те предоста́вится ски́дка с цены́ в 5 проце́нтов.	Bei Sofortzahlung wird ein Rabatt von 5% gewährt.
7. С пе́рвого января́ введу́тся но́вые це́ны.	Ab 1. Januar werden neue Preise eingeführt.
8. Мы купи́ли насо́сы по ни́зкой цене́.	Wir haben die Pumpen zu einem niedrigen Preis gekauft.
9. Диску́ссия о бо́лее ни́зкой цене́ прошла́ бы́стро и успе́шно.	Die Diskussion um einen niedrigeren Preis verlief schnell und erfolgreich.
10. По́сле дли́тельных перегово́ров фи́рма-продаве́ц уступи́ла в цене́.	Nach langen Verhandlungen gab die Verkaufsfirma im Preis nach.

11. Иностра́нная конкуре́нция сби́ла це́ны на цветны́е мета́ллы.	Die ausländische Konkurrenz hat die Buntmetallpreise gedrückt.
12. Це́ны за то́нну сырья́ коле́блются от семи́десяти двух до восьми́десяти одного́ до́ллара.	Die Preise pro Tonne Rohstoff schwanken von 72 bis 81 Dollar.
13. На совеща́нии представи́тели фирм догова́риваются о цене́.	In der Beratung vereinbaren die Firmenvertreter die Preise.
14. Мы дово́льны на́званной ва́ми цено́й.	Wir sind mit dem von Ihnen genannten Preis zufrieden.

6 – Познакомьтесь с пословицами из сферы экономики, найдите немецкие соответствия.

Копейка рубль бережёт.
Деньги счёт любят.
Без счёта и денег нет.
Де́ньги к деньга́м идут.
Его деньга́м счёту нет.

7 – Повторите количественные числительные один, одна, одно; два, две; три, четыре . . . и их склонение.

Читайте вслух.

Два́дцать оди́н большо́й конте́йнер, две значи́тельные ски́дки цен, три́дцать семь това́рных соста́вов, четы́ре мо́щных це́нтра снабже́ния, семьдеся́т два сре́дних предприя́тия, девяно́сто один мо́щный заво́д, четы́ре но́вые ка́ссы, в трёх алюми́ниевых ба́нках, с четырьмя́ загрaни́чными фи́рмами, от одного́ до четырёх проце́нтов, от двух до пяти́ часо́в, с трёх до пяти́ ве́чера, от семи́ до двадцати́ ваго́нов, от сорока́ восьми́ до семи́десяти двух, к трём часа́м, с шестью́ ты́сячами шестьюста́ми шестью́десятью шестью́ ма́рками, речь идёт о трёх ты́сячах семиста́х шести́десяти четырёх до́лларах, от восьми́ до двена́дцати гра́дусов ни́же нуля́.

8 – Прочитайте следующие предложения вслух.

От 75 до 98 контейнеров, от 720 до 850 долларов, около 700 миллионов рублей, в 25 вагонах, на 12 теплоходах, на 4 паромах, на 17 самолётах, более 5000 экземпляров, менее 75 сотрудников, с 27 служащими нашей фирмы.

9 – Выучите правильное употребление предлогов.

Процентная ставка увеличивается (повышается, растёт) *от* двух процентов *на* три процента *до* пяти процентов.	Der Prozentsatz vergrößert sich (erhöht sich, wächst) von zwei Prozent um drei Prozent auf fünf Prozent.
Процентная ставка уменьшается (снижается, падает) *от* десяти процентов *на* четыре процента *до* шести процентов.	Der Prozentsatz verringert sich (vermindert sich, fällt) von zehn Prozent um vier Prozent auf sechs Prozent.
Мы получаем *до* трёх процентов больше.	Wir erhalten bis zu drei Prozent mehr.
Мы получаем *на* три процента больше.	Wir erhalten (um) drei Prozent mehr.
Расходы составляют *до* ста марок меньше.	Die Kosten betragen bis zu einhundert Mark weniger.
Расходы составляют *на* сто марок меньше.	Die Kosten betragen (um) einhundert Mark weniger.
Наши расходы составляют сумму *в* два раза бóльшую по сравнению с прошлогóдней.	Unsere Kosten betragen das Doppelte im Vergleich zu den Vorjahreskosten.
Наши расходы сейчас *в* три раза больше, чем в прошлом году.	Unsere Kosten sind jetzt dreimal so hoch wie im Vorjahr.
За десять лет цены на газ увеличили три раза (цены были увеличены три раза).	Innerhalb von zehn Jahren hat man die Gaspreise dreimal erhöht (die Preise wurden dreimal erhöht).

За десять лет цены на газ увеличились *в* три раза (цены были увеличены *в* три раза).	Innerhalb von zehn Jahren haben sich die Gaspreise auf das Dreifache erhöht (wurden auf das Dreifache erhöht).
В январе мы истратили *в* три с половиной раза меньше денег, чем в декабре.	Im Januar haben wir nur den 3,5ten Teil des Geldes im Vergleich zum Dezember ausgegeben.
Наши расходы уменьшились *в* три с половиной раза.	Unsere Kosten haben sich auf den 3,5ten Teil vermindert.

10 – Беседа на тему ценообразования. Ответьте на вопросы.

1. Назовите два основных фактора образования цен.
2. Кто может пользоваться бонусными скидками?
3. Какие товары продаются со временной скидкой? Назовите примеры цен распродажи в конце летнего и зимнего сезонов, которые Вам известны из собственной практики.
4. Дайте примеры количественных скидок цен. Сколько Вы сэкономили при этом?

11 – Прочитайте письма и расскажите об их содержании.

Уважаемый господин Комаров!

Два месяца тому назад мы выслали Вам прейскурант нашей фирмы Интерэлекс на этот год.

Очень рад сообщить Вам, что мы сможем предоставить Вам значительную скидку на большую часть изделий нашей фирмы. Прилагаю список изделий, цены на которые мы можем снизить.

В ожидании Вашего ответа остаюсь с уважением

М. Гримм

Уважаемые господа!

С большим интересом мы просмотрели список предлагаемых Вами изделий. Мы уверены, что качество Ваших продуктов соответствует мировым стандартам, и мы очень заинтересованы вступить с Вами в деловые контакты.

Однако, предлагаемые Вами цены мы считаем завышенными на 10–20 процентов. Поэтому мы хотели бы вступить с Вами в деловые переговоры с целью установления взаимно приемлемых цен на интересующие нас товары.

С уважением

С. А. Петров

12 – Напишите ответ на эти два письма.

2

1 – Прочитайте сообщение из газеты »Известия« от 21 января 1995 года.

Курс доллара в Москве

19 января	20 января
3916	3947

Долларов в России почти в 2 раза больше, чем рублей

Долларовая денежная масса в России сейчас почти в два раза превышает рублёвую денежную массу, заявил 20 января доктор экономических наук, профессор Дипломатической академии МИД[1] Российской Федерации Олег Богданов на симпозиуме »Международные операции российских банков«.

Доллар, по его мнению, выступает в России как эталон стоимости, как ориентир во всём. Россияне полностью ориентируются на доллар.

[1] МИД – Министерство иностранных дел

2 – Упражнение: Комментируйте это сообщение:

- Инфляция начиная с 1990 г.
- Инфляция с 19-го на 20-ое января
- Роль доллара в России в январе 1995 г.
- Ситуация сейчас

3 – Курсы валют.

Всероссийский Биржевой Банк (ВББ) сообщает, что с 19 января 1995 года установлены следующие курсы иностранных валют к рублю Российской Федерации, применяемые при безналичных расчётах:

Наименование валюты	*Курс покупки*	*Курс продажи*
1 доллар США	3916 руб. 00 коп.	3937 руб. 00 коп.
1 марка ФРГ	2552 руб. 39 коп.	2566 руб. 07 коп.
10 японских иен	392 руб. 90 коп.	395 руб. 00 коп.
1 фунт стерлингов	6147 руб. 92 коп.	6180 руб. 89 коп.
1 швейцарский франк	3032 руб. 60 коп.	3048 руб. 87 коп.
1 французский франк	738 руб. 69 коп.	742 руб. 66 коп.
100 итальянских лир	242 руб. 00 коп.	243 руб. 00 коп.
1 австрийский шиллинг	362 руб. 64 коп.	364 руб. 59 коп.
1 шведская крона	522 руб. 87 коп.	525 руб. 67 коп.
1 финская марка	826 руб. 52 коп.	830 руб. 95 коп.

Отдел валютных операций ВББ

4 – Упражнение: Вычислите и назовите разницу цен покупки и продажи отдельных валют.

Образец: Для доллара разница между ценой покупки и ценой продажи составляет 21 рубль.

5 – Переведите на русский язык.

1. Die Frage nach der Qualität der Waren und nach ihrem Preis – das sind die ersten Fragen, die der Käufer stellt.
2. Die wichtigsten Faktoren auf dem Markt – das sind Angebot und Nachfrage.
3. In der Praxis beeinflussen viele Faktoren die Preisbildung.
4. Deshalb studieren die Wirtschaftler diese Frage intensiv.
5. Im internationalen Handel haben die Zölle großen Einfluß auf die Preise der importierten Waren.
6. Rußland hat im März 1994 einen neuen Importtarif eingeführt.
7. Dieser Tarif legt höhere Importzölle zum Beispiel für Nahrungsgüter und Fahrzeuge fest.
8. Für alle Export-Import-Operationen wird ein Vertrag abgeschlossen.
9. Im Vertrag sind die Preise der Waren genau angegeben.
10. Auf die Weltmarktpreise von Fertigprodukten haben die führenden Firmen der Welt den größten Einfluß.

Слова для справки:

einen Importtarif einführen	вводить/ввести импортный тариф
Nahrungsgüter	продовольственные товары
Fahrzeuge	транспортные средства

3

Счёт

1 – Прочитайте и переведите текст.

Счёт (счёт-факту́ра) - это това́рный докуме́нт, кото́рый выпи́сывается (выставля́ется) продавцо́м на и́мя покупа́теля.

Счёт удостоверя́ет поста́вку това́ра и́ли оказа́ние услу́г и их сто́имость. Таки́м о́бразом, счёт-факту́ра явля́ется уведомле́нием об отпра́вке това́ра.

В зави́симости от усло́вий поста́вки и платежа́ различа́ют
- счёт фра́нко (фра́нко фи́рма, фра́нко склад),
- ме́стный счёт, он пока́зывает це́ну да́нного това́ра на ме́сте прода́жи,
- счёт сиф,
- счёт фоб.

Счёт-факту́ра соде́ржит назва́ние и а́дрес покупа́теля и продавца́, а та́кже да́ту отпра́вки това́ра, кро́ме того́ он соде́ржит да́нные о:
- коли́честве, ка́честве, ро́де и́ли со́рте и цене́ това́ра,
- ро́де и́ли спо́собе упако́вки,
- спо́собе пересы́лки, наприме́р экспеди́тором, самолётом, по желе́зной доро́ге, теплохо́дом и др.,
- усло́виях платежа́.

Указа́ние на счёте-факту́ре сро́ков для реклама́ций и прете́нзий явля́ется целесообра́зным то́лько тогда́, когда́ э́то обосно́вано взаи́мным соглаше́нием.

Ча́сто на счёте-факту́ре отмеча́ется та́кже необходи́мость возвраще́ния упако́вки и́ли та́ры, страхова́ние поставля́емых това́ров и арбитра́ж в спо́рном слу́чае.

При указа́нии ве́са отгружа́емых това́ров различа́ются:
- чи́стый вес (вес не́тто), то́ есть факти́ческий вес това́ра без упако́вки,
- о́бщий вес (вес бру́тто), то́ есть вес това́ров вме́сте с упако́вкой,
- та́ра, то́ есть вес упако́вки.

2 – Выучите новые слова и выражения.

выпи́сывать/вы́писать вы́писанный, вы́писка	ausschreiben
выставля́ть/вы́ставить вы́ставленный, выставле́ние	ausstellen (von Rechnungen, Wechseln u. a.)

удостоверя́ть/удостове́рить	bestätigen, bescheinigen
удостове́ренный/удостовере́ние	
уведомля́ть/уве́домить	mitteilen, in Kenntnis setzen
уве́домленный, уведомле́ние	
счёт Pl.: счета́, -о́в	Rechnung
счёт фра́нко	Frankorechnung
ме́стный счёт	Platzrechnung
содержа́ть	enthalten, beinhalten
содержа́ние	Inhalt
отмеча́ть/отме́тить	bemerken, anmerken, vermerken
отме́ченный, отме́тка	
возвраща́ть/возврати́ть	zurückgeben, zurückführen;
возвращённый, возвраще́ние	zurückzahlen
та́ра	Tara, Leergut, Verpackungsmaterial
спор	Streit
спо́рный слу́чай	Streitfall
отгружа́ть/отгрузи́ть	abschicken, verladen, verschiffen
отгру́женный, отгру́зка	
вес	Gewicht, Masse
чи́стый вес	Reingewicht
о́бщий вес	Gesamtgewicht

Грамматика 4

1 – Десятичные числа.

Прочитайте вслух.

0,1	ноль це́лых (и) одна́ деся́тая
0,2	ноль це́лых (и) две деся́тых
1,4	одна́ це́лая (и) четы́ре деся́тых
7,9	семь це́лых (и) де́вять деся́тых
9,12	де́вять це́лых (и) двена́дцать со́тых
11,21	оди́ннадцать це́лых (и) два́дцать одна́ со́тая
14,38	четы́рнадцать це́лых (и) три́дцать во́семь со́тых
3,742	три це́лых (и) семьсо́т со́рок две ты́сячных
16,999	шестна́дцать це́лых (и) девятьсо́т девяно́сто де́вять ты́сячных

Продолжайте: 0,6; 0,3; 1,16; 1,85; 2,64; 8,45; 19,86; 27,96; 7,725; 12,999; 125,875; 78,161; 250,362

2 – Десятичные числа в связи с названиями мер

Прочитайте вслух.

2,6 м (км)		две це́лых и шесть деся́тых ме́тра (киломе́тра)
	или	два и шесть деся́тых ме́тра (киломе́тра)
1,3 кг		одна́ це́лая и три деся́тых килогра́мма
	или	оди́н и три деся́тых килогра́мма
1,5%		одна́ це́лая и пять деся́тых проце́нта
	или	оди́н и пять деся́тых проце́нта; полтора́ проце́нта
2,5 т		две (це́лых) и пять деся́тых то́нны
	или	две с полови́ной то́нны
5,25%		пять (це́лых) и два́дцать пять со́тых проце́нта
	или	пять с че́твертью проце́нтов
8,1 сек. (мин.)		во́семь це́лых и о́дна деся́тая секу́нды (мину́ты)
36,75 т		три́дцать шесть (це́лых) и семьдеся́т пять со́тых то́нны
о́коло 3,5%		около трёх с полови́ной проце́нтов
	или	около трёх и пяти́ деся́тых проце́нта
до 4,5 сут.		до четырёх с полови́ной су́ток
	или	до четырёх и пяти́ деся́тых су́ток
от 2,6 до 3,4 кг		от двух и шести́ деся́тых до трёх и четырёх деся́тых килогра́мма
от 4,45 до 5,75%		от четырёх и сорока́ пяти́ со́тых до пяти́ и семи́десяти пяти́ со́тых проце́нта

Читайте дальше: 7,3 км; 20,5 мин.; 46 миллиа́рдов рубле́й; 2,75 м; 0,75 ли́тра; 10,4 см; 2,7 гектоли́тра; 3,6 кубоме́тра; около 4,5 %; до 3,75 су́ток; от 3,6 до 4,2 т.

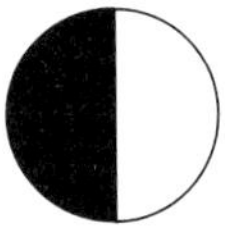

$^{1}/_{2}$ полови́на

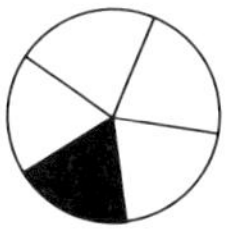

$^{1}/_{5}$ одна́ пя́тая (часть)

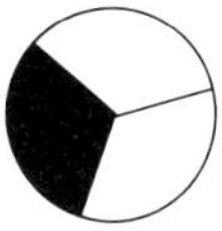

$^{1}/_{3}$ одна́ треть

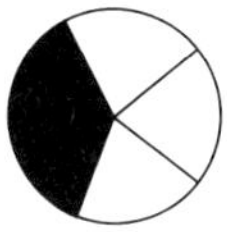

$^{2}/_{5}$ две пя́тых (части)

$^{1}/_{4}$ одна́ че́тверть

$^{3}/_{4}$ три че́тверти

$^{2}/_{3}$ две тре́ти

3 – Дробные числа.

Прочитайте вслух.

$^{1}/_{2}$ полови́на; $^{1}/_{3}$ одна́ треть; $^{1}/_{4}$ одна́ че́тверть; $^{1}/_{5}$ одна́ пя́тая (часть); $^{2}/_{3}$ две тре́ти; $^{3}/_{4}$ три че́тверти; $^{2}/_{5}$ две пя́тых (ча́сти); $^{2}/_{7}$ две седьмы́х; $^{1}/_{15}$ одна́ пятна́дцатая; $^{8}/_{37}$ во́семь три́дцать седьмы́х; $^{2}/_{125}$ две сто два́дцать пя́тых; свы́ше одно́й тре́ти, о́коло трёх пя́тых; до пяти́ седьмы́х; не бо́льше двух тре́тьих (не больше двух трете́й); о́коло трёх и трёх четверте́й процента; не ме́ньше одно́й че́тверти ваго́на.

4 – При указании цен в рублях могут встречаться весьма высокие числа, поэтому важно знать их русские и немецкие названия. Познакомьтесь с нижеследующей таблицей.

	Названия чисел (на русском и немецком языках)	
	в России, во Франции и в США	в Германии, в Англии
10^3	тысяча	tausend
10^4	десять тысяч	zehntausend
10^5	сто тысяч	hunderttausend
10^6	миллион	Million
10^9	миллиард = биллион	Milliarde
10^{12}	триллион	Billion
10^{15}	квадриллион (квадрильон)	Billiarde
10^{18}	квинтиллион (квинтильон)	Trillion
10^{21}	секстиллион (секстильон)	Trilliarde

Платёж

5

1 – Прочитайте и переведите текст.

Как опла́чиваются поста́вленные зака́зчику това́ры?

Платёж (опла́та) произво́дится продавцу́ и́ли поставщику́ това́ра сле́дующим о́бразом:

- Покупа́тель передаёт и́ли пересыла́ет су́мму счёта нали́чными деньга́ми,
- покупа́тель осуществля́ет платёж посре́дством инка́ссо че́рез свой банк и банк продавца́, то́ есть ба́нковским перево́дом в банк продавца́,
- покупа́тель поруча́ет своему́ ба́нку откры́ть аккредити́в в по́льзу продавца́.

Весьма́ распространённым ви́дом платежа́ в междунаро́дной торго́вле явля́ется аккредити́в. Поэ́тому дава́йте рассмо́трим э́ту фо́рму платежа́ не́сколько подро́бнее.

В о́бщем смы́сле аккредити́в - э́то де́нежный докуме́нт, кото́рый удостоверя́ет пра́во лица́, на и́мя кото́рого он вы́дан, получи́ть в друго́м креди́тном учрежде́нии ука́занную су́мму де́нег.

Осо́бое значе́ние во вне́шней торго́вле име́ет так называ́емый документа́рный аккредити́в, он явля́ется инструме́нтом обеспе́чения платежа́.

Фи́рма-импортёр че́рез свой банк предоставля́ет (открыва́ет) аккредити́в в ба́нке экспортёра при тако́м усло́вии, что́бы су́мма счёта выпла́чивалась то́лько тогда́, когда́ экспортёр предъявля́ет определённые докуме́нты, в пе́рвую о́чередь отгру́зочные докуме́нты, кото́рые гаранти́руют пра́во со́бственности покупа́теля на отгру́женные това́ры (наприме́р коносаме́нт при морско́й перево́зке гру́за и́ли железнодоро́жную накладну́ю при железнодоро́жном тра́нспорте това́ра). Переда́ча э́тих докуме́нтов должна́ предотврати́ть возвра́т това́ров и́ли их направле́ние други́м адреса́там.

Аккредити́в гаранти́рует экспортёру получе́ние су́ммы платежа́ по отправле́нии това́ра, а гара́нтия для и́мпортёра обеспе́чивается тем, что платёж произво́дится то́лько в том слу́чае, когда́ това́ры действи́тельно бы́ли отгру́жены.

Документа́рный аккредити́в игра́ет ва́жную роль в ча́стности в таки́х усло́виях, когда́ отсу́тствует по́лное дове́рие ме́жду торго́выми партнёрами, в экономи́чески и полити́чески неста́бильных усло́виях.

Как в междунаро́дной торго́вле, так и при опла́те това́ров и́ли услу́г внутри́ страны́, существу́ет и друга́я фо́рма взаймного расчёта - так называ́емый ба́ртер[1] и́ли ба́ртерная сде́лка.

Сло́во ба́ртер происхо́дит от англи́йского сло́ва »barter« и означа́ет обме́н това́рами. Таки́м о́бразом, ба́ртерная сде́лка - э́то э́кспортно-и́мпортная опера́ция по обме́ну определённого коли́чества одного́ или не́скольких това́ров на эквивале́нтное по сто́имости (по цене́) коли́чество друго́го това́ра. Ба́ртерная сде́лка оформля́ется догово́ром (контра́ктом).

Отсу́тствие валю́тных платеже́й при ба́ртерных сде́лках не исключа́ет оце́нок това́рных поста́вок и их учёта в де́нежной фо́рме. Оце́нка това́ров произво́дится с це́лью обеспе́чения эк-

[1] В после́днее время в России появи́лось та́кже назва́ние »встре́чные поста́вки«.

вивале́нтности обме́на, а та́кже для тамо́женного учёта, определе́ния страховы́х сумм, оце́нки прете́нзий, начисле́ния са́нкций.

Усло́вием эквивале́нтности товарооборо́та явля́ется обме́н това́рами по мировы́м или догово́рным це́нам, в осно́ве кото́рых лежа́т мировы́е це́ны. Расчёты по взаи́мным прете́нзиям (штра́фы, уце́нки и т. д.) при ба́ртерных опера́циях обы́чно осуществля́ются дополни́тельными поста́вками или уменьше́нием поста́вок това́ров.

За после́днее вре́мя по неме́цкому телеви́дению многокра́тно сообща́лось о ба́ртерных сде́лках неме́цких фирм с украи́нскими и росси́йскими сельскохозя́йственными предприя́тиями.

Неме́цкие фи́рмы в но́вых Федера́льных Зе́млях по многоле́тней тради́ции поставля́ют сельскохозя́йственные маши́ны, а украи́нские и росси́йские сельскохозя́йственные предприя́тия поставля́ют в обме́н сельскохозя́йственные проду́кты в Герма́нию.

2 – Выучите новые слова и выражения.

нали́чные де́ньги	Bargeld
посре́дством	mittels
инка́ссо	Inkasso
ба́нковский перево́д	(Bank)Überweisung
креди́тное учрежде́ние	Kreditinstitut
предоставля́ть/предоста́вить фи́рме аккредити́в	einer Firma ein Akkreditiv bereitstellen
выпла́чивать/вы́платить вы́плаченный, вы́плата	auszahlen
предъявля́ть/предъяви́ть предъя́вленный, предъявле́ние	vorweisen, vorlegen
предотвраща́ть/предотврати́ть предотвращённый, предотвраще́ние	verhüten, abwenden
возвра́т това́ров	Rücknahme, Rückführung von Waren
отправля́ть/отпра́вить отпра́вленный, отправле́ние	absenden, abschicken

в ча́стности	insbesondere, im Besonderen
отсу́тствовать	fehlen
отсу́тствие	
рассчи́тываться/рассчита́ться	abrechnen, verrechnen
рассчи́танный, расчёт	
взаи́мный расчёт	gegenseitige Verrechnung
ба́ртер	Tauschhandel, Realtausch
ба́ртерная сде́лка	Tauschhandelsgeschäft, Gegengeschäft, Bartergeschäft
исключа́ть/исключи́ть	ausschließen
исключённый, исключе́ние	
оце́нивать/оцени́ть	einschätzen,bewerten
оценённый, оце́нка	
учи́тывать/уче́сть	berücksichtigen; erfassen
учтённый, учёт	
бухга́лтерский учёт	Buchhaltung
начисля́ть/начи́слить	anrechnen
начи́сленный, начисле́ние	
лежа́ть в осно́ве	zugrunde liegen
уце́нивать/уцени́ть	abwerten
уценённый, уце́нка	

3 – Прочитайте и переведите предложения, подчеркните глаголы гнезда »платить«.

1. Фирма всегда оплачивает свои счета вовремя.
2. Работа манекенщицы оплачивается высоко.
3. Мы дорого заплатили за поездку.
4. Только после получения гонорара менеджер может расплатиться с помощниками.
5. В этом году не хватит средств оплатить реконструкцию нашего склада.
6. За автобусную экскурсию мы уплатили уже вчера.
7. Сколько Вы заплатили (уплатили) за обед в ресторане?
8. Зарплату за данный месяц фирма выплачивает всегда 12-го числа.

9. Вы достали для меня билет в театр, я сейчас хочу расплатиться с Вами.
10. Не забудьте уплатить (деньги) за телефон.
11. За Вашу покупку Вы страшно переплатили, на рынке Вы получили бы эти продукты на сорок процентов дешевле.
12. Неосторожный водитель машины поплатился своим здоровьем.
13. Мы просим доплатить недостающую в Вашем переводе сумму до конца месяца.
14. Мы расплатились с водителем и вышли из такси.
15. В этом году я уже уплатил членские взносы в автомобильном клубе.

4 – Упражнение: Образуйте 8–10 подобных предложений с глаголом в первом лице.

Образец: Мои счета я всегда оплачиваю вовремя.

5 – Прочитайте следующие типовые фразы и тренируйте обратный перевод на немецкий и русский язык.

Мы откры́ли счёт в Ва́шем ба́нке.	Wir haben ein Konto bei Ihrer Bank eröffnet.
Мы сде́лали перево́д на Ваш теку́щий счёт де́сять дней тому́ наза́д.	Wir haben die Überweisung auf Ihr laufendes Konto vor zehn Tagen vorgenommen.
Наш банк мо́жет бы́стро конверти́ровать любу́ю твёрдую валю́ту.	Unsere Bank kann beliebige harte Währung schnell konvertieren.
Счёт-факту́ру необходи́мо оплати́ть в тече́ние тридцати́ дней.	Die Rechnung muß innerhalb von dreißig Tagen bezahlt werden.

При сро́чной опла́те (в тече́ние трёх дней) мы предоста́вим Вам ски́дку в три проце́нта.	Bei Sofortzahlung (innerhalb von drei Tagen) gewähren wir Ihnen drei Prozent Rabatt.
Ука́занную ски́дку в разме́ре трёх проце́нтов мы вы́чтем из су́ммы номина́льной цены́.	Den angegebenen Rabatt in Höhe von drei Prozent ziehen wir vom Nominalpreis ab.
Мы поручи́ли на́шему ба́нку перевести́ су́мму счёта на Ваш счёт в ба́нке »Российский креди́т«.	Wir haben unsere Bank beauftragt, die Rechnungssumme auf Ihr Konto bei der Bank »Rossijskij kredit« zu überweisen.
Платёж осуществля́ется посре́дством аккредити́ва.	Die Bezahlung erfolgt durch Akkreditiv.
Мы дебетова́ли Ваш счёт су́ммой на́шего счёта-факту́ры.	Wir haben Ihr Konto mit unserer Rechnungssumme belastet.
На́ши сде́лки мы обы́чно заключа́ем на компенсацио́нной осно́ве.	Unsere Geschäfte schließen wir gewöhnlich auf Kompensationsbasis ab.
Настоя́щим письмо́м мы возвраща́ем Вам Ваш счёт.	Mit diesem Brief geben wir Ihnen Ihre Rechnung zurück (retournieren wir Ihre Rechnung).
Вы произвели́ платёж по́сле истече́ния сро́ка опла́ты.	Sie haben die Zahlung nach Ablauf der Zahlungsfrist vorgenommen.
Полу́ченная сего́дня вы́писка из теку́щего расчётного счёта подтвержда́ет поступле́ние ожида́емого перево́да де́нег.	Der heute erhaltene Kontoauszug bestätigt den Eingang der erwarteten Überweisung.
Мы прове́рили наше са́льдо в Росба́нке.	Wir haben unser Saldo bei der »Rosbank« überprüft.
Усло́вия платежа́ ука́заны в прое́кте контра́кта.	Die Zahlungsbedingungen sind im Vertragsentwurf angegeben.

Су́мма счёта опла́чивается импортёром ава́нсом.	Die Rechnungssumme wird vom Importeur im voraus gezahlt.
Каку́ю коми́ссию берёт банк за конверти́рование?	Welche Gebühren erhebt die Bank für die Konvertierung.
Коми́ссия по конверти́рованию составля́ет три проце́нта обме́ниваемой су́ммы.	Die Konvertierungsgebühren betragen drei Prozent der Tauschsumme.
За перево́д из друго́го ба́нка наш банк взима́ет оди́н до́ллар.	Für die Überweisung von einer anderen Bank nimmt unsere Bank einen Dollar.

6 – Страноведческая информация.

Познакомьтесь со средствами платежа в странах СНГ и в прибалтийских странах.

В результате распада Советского Союза в 1991 году перестала существовать и единая денежная система. Все попытки сохранения совместной рублёвой зоны шести стран СНГ (России, Казахстана, Узбекистана, Таджикистана, Армении и Беларуси) также остались безуспешными, и с начала 1994 года все республики бывшего Союза имеют свои собственные валюты.

Во многих республиках торговля ведётся не только на национальную валюту данной страны, но и на твёрдую (свободно конвертируемую) валюту, в первую очередь на доллары США и немецкие марки.

В настоящее время Российская Федерация очень старается достичь свободной конвертируемости российского рубля.

Нижеследующая таблица показывает названия и котировки ограничено конвертируемых на российский рубль валют стран СНГ и прибалтийских стран (данные газеты »Известия« от 8 июня 1995 г., информация банка »Российский кредит«).

Республика	Название валюты	покупка	продажа
Латвия	1 латвийский лат	8870	8950
Литва	1 литовский лит	1214	1236
Эстония	1 эстонская крона	397	407
Украина	100 украинских карбованцев[1]	3,10	3,20
Беларусь (Белоруссия)	10 белорусских рублей	4,06	4,16
Молдова (Молдавия)	1 молдавский лей	1080	1120
Казахстан	1 казахстанский тенге	75	76,5
Узбекистан	1 узбекский сум	73	77
Кыргыстан (Киргизия)	1 киргизский сом	445	463
Азербайджан	1 азербайджанский манат	-	1,1
Армения	1 армянский драм	-	12
Грузия	10000 грузинских купонов	-	36
Туркменистан (Туркмения)	1 туркменский манат	-	16

[1] С сентября 1996 г. денежной единицей Украины является Украинская гривна. Например, 30 октября 1996 г. 1 Украинская гривна соответствовала 3010,42 рублям Российской Федерации (по данным газеты »Известия« от 30. окт. 1996 г.).

7 – Переведите на русский язык.

1. Der Kunde hat die Waren erhalten.
2. Er bezahlt sie dem Verkäufer.
3. Er kann bar bezahlen.
4. Das wird selten ausgeführt.
5. Meist erfolgt die Bezahlung über die Banken.
6. Eine Möglichkeit ist die Inkassozahlung.

7. Gewöhnlich wird die Ware mit Akkreditiv bezahlt.
8. Das Akkreditiv bietet dem Verkäufer Sicherheit.
9. Er erhält sein Geld, wenn seine Papiere in Ordnung sind.
10. Das ist auch so, wenn die Finanzlage des Käufers schlecht ist.
11. Die Bank fordert jedoch für das Akkreditiv eine höhere Bezahlung.
12. Damit ist das Akkreditiv für den Kunden teurer als die Inkassozahlung.

Рекламация

8

Прочитайте и переведите следующий текст

1

В экономи́ческой де́ятельности при осуществле́нии сде́лок нере́дко возника́ют пробле́мы, кото́рые даю́т по́вод для жа́лоб. Наприме́р, при прове́рке поста́вленных това́ров иногда́ обнару́живаются разли́чные недоста́тки.

В связи́ с э́тим появля́ются прете́нзии покупа́теля к продавцу́ или поставщику́, обусло́вленные наруше́нием усло́вий догово́ра.

Прете́нзии покупа́теля предъявля́ются продавцу́ в ви́де реклама́ций.

Реклама́ции обы́чно предъявля́ются в отноше́нии:

- **ка́чества** - была́ поста́влена недоброка́чественная проду́кция, непра́вильная упако́вка или недоста́точная маркиро́вка привели́ к поврежде́нию или уменьше́нию ка́чества това́ра, това́р поступи́л в повреждённом ви́де и́ли был полу́чен непра́вильный това́р.
- **коли́чества** – не́ было поста́влено ука́занное в контра́кте коли́чество това́ров, бы́ло вы́явлено ассортиме́нтное несоотве́тствие по сравне́нию с положе́ниями догово́ра и́ли была́ обнару́жена некомпле́ктность или недоста́ча това́ра.
- **сро́ков поста́вки** - име́ла ме́сто заде́ржка в поста́вке, отде́льные па́ртии това́ра поступи́ли не в огово́ренные сро́ки, а с просро́чкой.
- **платежа́** - была́ изменена́ цена́ това́ра по сравне́нию с догово́ром.

Реклама́ция должна́ быть предъя́влена в срок. Она́ должна́ содержа́ть конкре́тное обоснова́ние для её предъявле́ния и то́чное и я́сное описа́ние вы́явленных недоста́тков това́ра. Она должна́ соотве́тствовать усло́виям догово́ра и содержа́ть конкре́тные тре́бования, наприме́р тре́бование заме́ны недоброка́чественного или дефе́ктного това́ра доброка́чественным и безупре́чным, тре́бование об устране́нии дефе́ктов поста́вленного това́ра или уце́нки, то́ есть сниже́ния цены́ или ски́дки с цены́, тре́бование по возмеще́нию причинённого покупа́телю уще́рба.

К реклама́ции прилага́ютя все докуме́нты, необходи́мые для доказа́тельства её обосно́ванности. Таки́ми докуме́нтами явля́ются тра́нспортные докуме́нты и акт эксперти́зы нейтра́льного учрежде́ния, кото́рое анализи́ровало недоста́тки поста́вленных това́ров.

Реклама́ция должна́ принима́ться, е́сли она́ вы́звана дефе́ктами изде́лия, и мо́жет отклоня́ться, е́сли причи́ной дефе́кта явля́ется непра́вильная эксплуата́ция поста́вленного изде́лия. Потреби́тель мо́жет устраня́ть дефе́кты сам, причём свя́занные с э́тим расхо́ды несёт поставщи́к. Иногда́ потреби́тель тре́бует от поставщика́ устране́ния дефе́кта на ме́сте в огово́ренные сро́ки. Потреби́тель име́ет пра́во предъяви́ть реклама́цию поставщику́ в тече́ние всего́ гаранти́йного сро́ка.

В слу́чае нали́чия серьёзных недоста́тков поста́вленного това́ра покупа́тель мо́жет отказа́ться от приёма да́нной поста́вки, отосла́ть това́р обра́тно.

Язы́к реклама́ции до́лжен быть я́сным и реши́тельным, но ве́жливым.

Когда́ сторона́м не удаётся дости́чь соглаше́ния по спо́рным вопро́сам реклама́ции, то они обраща́ются в арбитра́ж. Ме́сто судопроизво́дства и ме́сто исполне́ния обяза́тельства обы́чно ука́зываются в догово́рах поста́вки.

1 – Найдите в тексте ответы на следующие вопросы.

1. Что мо́жет служи́ть причи́ной для реклама́ции со стороны́ покупа́теля?
2. Каки́е усло́вия должны́ соблюда́ться при предъявле́нии реклама́ции?

3. Назови́те не́которые докуме́нты, сопровожда́ющие реклама́цию.
4. Име́ет ли пра́во покупа́тель отказа́ться приня́ть това́р?
5. Где реша́ются спо́рные вопро́сы, когда́ сто́роны са́ми не мо́гут дости́чь соглаше́ния?

2 – Выучите следующие слова.

возника́ть/возни́кнуть	entstehen, auftreten
возникнове́ние	
по́вод	Anlaß, Veranlassung
жа́лоба	Klage, Beschwerde
обнару́живать/обнару́жить	entdecken, feststellen
обнару́женный, обнаруже́ние	
недоста́ток, -тка	Mangel, Fehler
обусло́вливать/обусло́вить	bedingen
обусло́вленный	
предъявля́ть кому-либо реклама́цию/ предъяви́ть	bei jemandem eine Reklamation geltend machen, anmelden
предъя́вленный, предъявле́ние	
доброка́чественный	von guter Qualität, hochwertig
недоброка́чественный	minderwertig
выявля́ть/вы́явить	feststellen, aufklären
вы́явленный, выявле́ние	
сра́внивать/сравни́ть	vergleichen
сравнённый, сравне́ние	
некомпле́ктность, -и	Unvollständigkeit
недоста́ча	Fehlen, Manko
заде́рживать/задержа́ть	verzögern, aufhalten
заде́ржанный, задержа́ние, заде́ржка	
обосно́ванность, -и	Begründung, Fundiertheit
тре́бовать, -бую, -буешь/потре́бовать	fordern
потре́бованный, тре́бование	
заменя́ть/замени́ть	ersetzen
заменённый, заме́на	
безупре́чный	einwandfrei, tadellos
устраня́ть/устрани́ть дефе́кт	einen Fehler, Mangel beseitigen
устранённый, устране́ние	
возмеща́ть/возмести́ть ущёрб	einen Schaden ersetzen
возмещённый, возмеще́ние	

причиня́ть/причини́ть уще́рб	einen Schaden verursachen
причинённый, причине́ние	
доказа́тельство	Beweis
эксперти́за, акт эксперти́зы	Gutachten
принима́ть/приня́ть	annehmen, akzeptieren
при́нятый, приня́тие, приём	
отклоня́ть/отклони́ть реклама́цию	eine Reklamation abweisen, ablehnen
отклонённый, отклоне́ние	
причи́на	Ursache
причём	wobei
отсыла́ть/отосла́ть обра́тно	zurückschicken
ото́сланный, отсы́лка	
реши́тельный	entschlossen
ве́жливый	höflich
ме́сто судопроизво́дства, подсу́дность, -и	Gerichtsstand
ме́сто исполне́ния обяза́тельства	Erfüllungsort

3 – Лексическое упражнение.

Преобразуйте примеры по образцу:

Образец: Успешная реализация всех важных сделок – Мы реализовали все важные сделки успешно.

1. Детальная проверка поставленных товаров
2. Быстрое обнаружение внешних недостатков
3. Письменное предъявление рекламации
4. Срочная поставка доброкачественных продуктов
5. Правильная упаковка дорогих товаров
6. Достаточная маркировка ценных посылок
7. Немедленное выявление ассортиментного несоответствия
8. Тщательное сравнение всех счетов
9. Точное и ясное описание всех недостатков
10. Вежливое отклонение рекламации

4 – Прочитайте текст ещё раз и решите, правильны ли следующие утверждения или нет.

	Да	Нет
1. При сделках всегда появляются проблемы.	☐	☒
2. Нарушение договора является причиной претензии.	☒	☐
3. Рекламация выражает благодарность заказчика.	☐	☒
4. Рекламация всегда имеет одну и ту же причину.	☐	☒
5. Просрочка поставки – это важная причина рекламации.	☒	☐
6. Некомплектность поставленных товаров причиняет покупателю ущерб.	☒	☐
7. На несогласованное повышение цены получатель реагирует рекламацией.	☒	☐
8. Рекламацию можно предъявить в любое время.	☐	☒
9. Рекламация должна содержать конкретные требования заказчика.	☒	☐
10. Заказчик направляет рекламацию в милицию своей страны.	☐	☒
11. В рекламации заказчик может предложить уценку товара.	☒	☐
12. Рекламация всегда должна приниматься.	☐	☒
13. Рекламации пишутся в вежливой форме.	☒	☐
14. Место исполнения обязательства указывается только в рекламации.	☐	☒

5 – Прочитайте следующие типовые фразы и тренируйте обратный перевод на немецкий или русский язык.

К сожале́нию, мы вы́нуждены предъяви́ть реклама́цию на исполне́ние на́шего зака́за № 28 от 16 декабря́.	Leider sind wir gezwungen, bezüglich der Ausführung unserer Bestellung Nr. 28 vom 16. Dezember zu reklamieren.
Заде́ржка в поста́вке запасны́х часте́й к полу́ченным в про́шлом году́ автомаши́нам причиня́ет нам больши́е неприя́тности.	Die Verzögerung bei der Lieferung von Ersatzteilen zu den im vorigen Jahr erhaltenen PKWs verursacht uns große Unannehmlichkeiten.
Това́р до́лжен был прибы́ть уже́ две неде́ли тому́ наза́д.	Die Ware hätte schon vor zwei Wochen eintreffen müssen.
Пе́рвая и втора́я па́ртия зака́занной целлюло́зы при́были со значи́тельным опозда́нием.	Die erste und zweite Sendung der bestellten Zellulose sind mit bedeutender Verspätung eingetroffen.
При вскры́тии конте́йнеров оказа́лось, что не хвата́ет двадцати́ паке́тов.	Beim Öffnen der Container zeigte es sich, daß 20 Pakete fehlten.
Мы гото́вы, в ви́де исключе́ния, приня́ть низкока́чественный това́р со ски́дкой в два́дцать пять проце́нтов с его факту́рной сто́имости.	Wir sind bereit, ausnahmsweise die minderwertige Ware mit 25% Preisnachlaß gegenüber dem Rechnungsbetrag anzunehmen.
Мы установи́ли, что бо́лее десяти́ проце́нтов поста́вленной посу́ды бы́ло повреждено́.	Wir haben festgestellt, daß über zehn Prozent des gelieferten Geschirrs beschädigt war.
Из прило́женного а́кта эксперти́зы АЭ-53 Вы ви́дите, что до́ля нека́чественных агрега́тов составля́ет бо́лее тридцати́ пяти́ проце́нтов всей па́ртии.	Aus dem beiliegenden Gutachten AE-53 ersehen Sie, daß der Anteil der mangelhaften Aggregate über 35% der gesamten Sendung beträgt.

В связи́ с э́тим мы вы́нуждены отказа́ться от приёмки э́той поста́вки.

In diesem Zusammenhang sind wir gezwungen, die Annahme dieser Lieferung zu verweigern.

С сожале́нием сообща́ем Вам, что ка́чество полу́ченных на́ми краси́телей не соотве́тствует усло́виям догово́ра.

Mit Bedauern teilen wir Ihnen mit, daß die Qualität der von uns erhaltenen Farbstoffe nicht den Vertragsbedingungen entspricht.

При вскры́тии я́щиков мы обнару́жили, что цвет и диза́йн материа́ла не соотве́тствуют образца́м, на основа́нии кото́рых была́ заключена́ сде́лка.

Beim Öffnen der Kisten haben wir festgestellt, daß Farbe und Design des Stoffes nicht den Proben entsprechen, auf deren Grundlage das Geschäft abgeschlossen worden ist.

Мы напомина́ем о наме́ченном в контра́кте сро́ке платежа́.

Wir erinnern an die im Vertrag festgelegte Zahlungsfrist.

Настоя́тельно про́сим замени́ть дефе́ктные микрокалькуля́торы испра́вными того́ же са́мого ти́па.

Nachdrücklich bitten wir, die defekten Taschenrechner durch einwandfreie vom gleichen Typ zu ersetzen.

Срок платежа́ просро́чен на пять неде́ль. Про́сим Вас неме́дленно перевести́ су́мму по счёту.

Die Zahlungsfrist ist um fünf Wochen überschritten. Wir bitten Sie, die Rechnungssumme unverzüglich zu überweisen.

6 – Сформулируйте вопросы к приведённым ниже ответам.

1. а) . . . (60 станков)?
   б) Нет, мы посла́ли Вам 75 станко́в.

2. а) . . .?
   б) Да, мы согла́сны взять на себя́ все дополни́тельные расхо́ды.

3. а) . . .?
   б) Мы не при́няли Ва́шу поста́вку, так как ко́фе оказа́лся плохо́го ка́чества.
4. а) . . .?
   б) Недоста́ча произошла́ по вине́ экспеди́тора.

Образцы писем

2

1 – Рекламация на качество.

Уважаемые господа!

К нашему сожалению сообщаем Вам, что поставленный Вами агрегат типа ДС-10 не соответствует техническим условиям. После ввода агрегата в эксплуатацию произошла поломка важной части его редуктора.

В связи с тем, что мы сами не сможем решить возникшую проблему, просим Вас немедленно направить нам специалиста-монтёра для быстрой ликвидации аварийного состояния машины.

Так как поломка произошла не по вине пользователя агрегата, ремонт должен быть проведён на основе гарантийных обязательств изготовителя и он должен нести также все расходы, возникающие в связи с ремонтом агрегата.

Просим Вас как можно скорее ответить нам факсом о Вашем решении.

С уважением

техни́ческие усло́вия	Lieferbedingungen
поло́мка	Bruch
реду́ктор	Getriebe
авари́йное состоя́ние	Störungszustand
гаранти́йное обяза́тельство	Garantieverpflichtung

2 – Рекламация на недостачу товара.

Уважаемые господа!

С сожалением сообщаем Вам, что в партии присланных нам десятого августа автомобильных шин Московского шинного завода мы обнаружили нехватку десяти штук. Мы предполагаем, что недостающие шины были украдены при перевозке, о чем после обнаружения этого факта был составлен протокол, который был подтверждён милицией нашего города.

Мы просим Вас решить этот вопрос вместе с ответственным агентом транспортного страхования и учесть данный факт во взаимных денежных расчётах наших фирм.

С уважением

Приложение: Подтверждённый протокол

автомоби́льная ши́на	Autoreifen
ши́нный завод	Reifenwerk
красть: краду́, крадёшь/укра́сть	stehlen
укра́денный, кра́жа и покра́жа	

3 – Рекламация на просрочку поставки.

Уважаемые господа!

В заключенном в июле прошлого года контракте Ваша фирма обязалась прислать нам до 15 ноября тысячу штук иллюстрированного рекламного материала о туристических поездках по достопримечательным местам Золотого кольца России и окрестностей Ст-Петербурга, а также соответствующих туристических схем и путеводителей городов.

В связи с тем, что согласованный срок поставки просрочен уже на три недели мы можем принять указанные материалы только со скидкой 15 процентов от установленной цены, так как шансы заинтересовать туристов совершить поездки по указанным местам снижаются изо дня в день.

Просим немедленно сообщить нам ваши соображения.

С уважением

(подпись)

Директор турагентства Эгон Шауланд

обя́зываться/обяза́ться	sich verpflichten
достопримеча́тельный	sehenswürdig
соверша́ть/соверши́ть пое́здку	eine Reise machen
совершённый, соверше́ние	

4 – Рекламация на нарушение условий платежа.

Уважаемые господа!

Мы были очень удивлены, получив Ваш счёт-фактуру № 19-96 от 17 февраля.

Во время пребывания Вашего директора Торголюбовой, Е. А. в нашей фирме мы в личной беседе с ней согласовали цену на товары указанной поставки, сниженную на 15 процентов по сравнению с каталоговой ценой.

Просим Вас проверить, не вызвана ли эта разница в ценах неинформированностью заведующей экспортным отделом Дуротолковой, И. Э. о результатах вышеуказанной личной беседы.

В ожидании Вашего скорого ответа.

С уважением

Матильда Прюфлингер

заведующая финотделом

5 – Подготовьте устное сообщение (монолог) о причинах и содержании прочитанных рекламаций.

Примерный план сообщения по первой рекламации:

- Предмет рекламации
- Что было поставлено
- Какой дефект был обнаружен
- Когда дефект был обнаружен
- Кто может решить проблему
- Роль пользователя агрегата (виноват – не виноват)
- Кто должен оплатить ремонт
- Кто должен нести связанные с ремонтом расходы
- Срок решения возникшей проблемы

Грамматика

3

Повторите нижеуказанные предлоги в их практическом применении

1 – Предлоги с родительным падежом:

без

без ски́дки	ohne Rabatt

ввиду́

ввиду́ на́ших совме́стных интере́сов	angesichts (wegen) unserer gemeinsamen Interessen

вме́сто

вме́сто запро́шенных спи́сков	anstelle der erbetenen Listen

всле́дствие

всле́дствие просро́чки поста́вки	infolge des Lieferverzugs

для

для на́ших партнёров	für unsere Partner

до

до Москвы́, до Санкт-Петербу́рга	bis Moskau, bis Sankt-Petersburg
до конца́ кварта́ла	bis zum Quartalsende
до востре́бования	postlagernd

из

письмо́ из Росси́и	ein Brief aus Rußland
вы́ехать из Ма́йнца	aus Mainz hinausfahren
вы́йти из креди́тного лими́та	den Kredit überziehen
предме́ты из мета́лла	Gegenstände aus Metall

и́з-за

и́з-за заде́ржки в поста́вке	wegen Lieferverzugs
и́з-за плохо́й пого́ды	wegen schlechten Wetters
Она́ вста́ла и́з-за стола́.	Sie stand vom Tisch auf.

и́з-под

Он прие́хал и́з-под Ми́нска.	Er kam aus der Nähe von Minsk.
ваго́н и́з-под руды́	leerer (entladener) Erzwaggon
ба́нка и́з-под пи́ва	leere (ausgetrunkene) Bierdose

каса́тельно

каса́тельно поста́вки компью́теров	betreffs der Lieferung von Computern

о́коло	
о́коло двадцати́ ваго́нов	etwa zwanzig Waggons
о́коло на́шего скла́да	in der Nähe unseres Lagers
от	
от Висба́дена до Хаба́ровска	von Wiesbaden bis Chabarowsk
сообще́ние от тре́тьего февраля́	die Mitteilung vom dritten Februar
сре́дство от зубно́й бо́ли	Mittel gegen Zahnschmerzen
относи́тельно	
относи́тельно Ва́шего зака́за/Ва́шей реклама́ции	bezüglich Ihrer Bestellung/Ihrer Reklamation
по́сле	
по́сле оконча́ния рабо́т	nach Abschluß der Arbeiten
посре́дством	
посре́дством аккредити́ва	mittels Akkreditiv
про́тив	
про́тив представле́ния докуме́нтов	gegen Vorlage von Dokumenten
лека́рство про́тив гри́ппа	Arzneimittel gegen Grippe
путём	
путём аккредити́ва	mittels Akkreditiv
путём де́нежного перево́да	mittels Geldüberweisung
с	
с пе́рвого по деся́тое ию́ля	vom ersten bis zehnten Juli
с двух до пяти́ часо́в	von zwei bis fünf Uhr
с девяти́ часо́в	ab neun Uhr
с су́дна	vom Schiff
ски́дка с факту́рной сто́имости	Rabatt vom Rechnungspreis
прийти́/прие́хать с рабо́ты, с фа́брики, с предприя́тия	von Arbeit, aus der Fabrik, aus dem Betrieb kommen
начина́ть с пе́рвого пу́нкта пове́стки дня	mit Punkt eins der Tagesordnung beginnen
свы́ше	
свы́ше двадцати́ миллиа́рдов рубле́й	mehr als 20 Milliarden Rubel
у	
у нас, у гла́вного бухга́лтера	bei uns, beim Hauptbuchhalter

2 – Предлоги с дательным падежом:

благодаря́

благодаря́ значи́тельной ски́дке	dank des bedeutenden Rabatts (dank dem bedeutenden Rabatt)

к

Мы обраща́емся к Вам	Wir wenden uns an Sie
К на́шему сожале́нию	zu unserem Bedauern
интере́с к това́ру	Interesse an der Ware
Мы зае́дем/зайдём к Вам в бюро́	Wir kommen zu Ihnen ins Büro

по

по Во́лге, по Ре́йну	auf der Wolga, auf dem Rhein (entlang)
е́здить по го́роду	durch die Stadt fahren
ходи́ть по магази́нам	durch die Geschäfte laufen, bummeln
посла́ть по по́чте	mit der Post schicken
переда́ть по ра́дио, по телеви́дению	im Radio, im Fernsehen übertragen
по одному́ образцу́	je ein Muster
по сравне́нию с	im Vergleich zu
по специфика́ции	nach Stückliste
по изве́стным причи́нам	aus bekannten Gründen
по на́шим све́дениям	nach unseren Kenntnissen
напра́вить письмо́ по а́дресу	einen Brief an eine Adresse schicken
Кто Вы по профе́ссии?	Was sind Sie von Beruf?

согла́сно

согла́сно пу́нкту два пове́стки дня	nach Punkt zwei der Tagesordnung

3 – Предлоги с винительным падежом.

в

лете́ть в Москву́/Санкт-Петербу́рг	nach Moskau/Sankt-Petersburg fliegen
в пя́тницу	am Freitag
в де́вять часо́в	um neun Uhr
в да́нный моме́нт	zum gegenwärtigen Zeitpunkt
в по́льзу зака́зчика	zum Nutzen des Bestellers
ста́вить в изве́стность	in Kenntnis setzen
во вре́мя перегово́ров	während der Verhandlungen
ски́дка в три проце́нта	Rabatt von 3 Prozent

за	
платить за товáры	die Waren bezahlen
спасúбо за информáцию/ за Вáше внимáние	Dank für die Information/ für Ihre Aufmerksamkeit
за недéлю	innerhalb einer Woche
за дирéктора подписáл заместúтель	für den Direktor (anstelle des Direktors) hat der Stellvertreter unterschrieben
За Ваше здорóвье!	Auf Ihre Gesundheit!
на	
ответить на вопрос/на предложение	auf eine Frage/einen Vorschlag antworten
план э́кспорта на слéдующий мéсяц	Exportplan für den nächsten Monat
запрóс/предложéние/смéта на установку	Anfrage/Angebot/Kostenanschlag für eine Anlage
спрос на издéлие	Nachfrage für ein Erzeugnis
ценá на ýголь, нефть, кóфе	Kohle-, Erdöl-, Kaffeepreis
на сто дóлларов бóльше/мéньше	(um) hundert Dollar mehr/weniger
на двáдцать мáрок дорóже/дешéвле	(um) zwanzig Mark teurer/billiger
жáловаться на кáчество	sich über die Qualität beklagen
несмотря́ на	
несмотря́ на удорожáние сырья́	trotz Verteuerung der Rohstoffe
по	
с пéрвого по пятнáдцатое ию́ля	vom ersten bis zum fünfzehnten Juli
пó два/две, пó три, по четы́ре вагóна	je zwei, drei, vier Waggons
под	
подстáвить рóлики под я́щик	Rollen unter die Kisten setzen
вагóн под погрýзку, под ýголь, под рудý	Waggon (vorgesehen zur Beladung), für Kohle, für Erz
передáть квартúру под ключ	die Wohnung schlüsselfertig übergeben
через	
перейтú чéрез ýлицу	über die Straße gehen
приéхать чéрез час/чéрез два гóда	in einer Stunde/in zwei Jahren ankommen
встрéтиться чéрез недéлю	sich in einer Woche treffen

4 – Предлоги с творительным падежом.

ме́жду	
ме́жду на́шими фи́рмами	zwischen unseren Firmen
ме́жду на́ми говоря́	unter uns gesagt
ме́жду про́чим	unter anderem
над	
над те́кстом	über dem Text
сиде́ть над докуме́нтами	über Dokumenten sitzen
перед	
пе́ред зда́нием	vor dem Gebäude
пе́ред подписа́нием соглаше́ния	vor Unterzeichnung der Vereinbarung
за	
за истече́нием сро́ка	wegen Fristüberschreitung
за магази́ном	hinter dem Geschäft
сохрани́ть за собо́й пра́во	sich das Recht vorbehalten
зае́хать за това́ром	die Ware abholen kommen
зайти́ за спра́вкой	wegen einer Auskunft kommen
под	
под откры́тым не́бом	unter freiem Himmel, im Freien
под пу́нктом 9 догово́ра	unter Punkt 9 des Vertrages
находи́ться под комме́рческим надзо́ром	unter Geschäftsaufsicht stehen
под Москво́й	in der Nähe von Moskau
с	
с Ва́шей фи́рмой	mit Ihrer Firma
с уваже́нием	hochachtungsvoll
с удово́льствием	mit Vergnügen, gern
поздравля́ть с Но́вым го́дом	zum Neuen Jahr gratulieren

5 – Предлоги с предложным падежом.

в	
в ваго́не	im Waggon
в Росси́и	in Rußland
в ма́рте	im März
в сле́дующем году́	im nächsten Jahr
в двухты́сячном году́	im Jahr zweitausend
в командиро́вке	auf Dienstreise

в нача́ле, в конце́	zu Beginn, am Ende
принима́ть уча́стие в вы́ставке	an der Ausstellung teilnehmen
нужда́ться в маши́нах	Maschinen benötigen
Мы заинтересо́ваны в сде́лке.	Wir sind an dem Geschäft interessiert.
в связи́ с э́тим	im Zusammenhang damit
на	
на су́дне	auf dem Schiff
на рабо́те	auf Arbeit
на заво́де/на предприя́тии	im Werk/im Betrieb
на усло́вии	unter der Bedingung
о (об, обо)	
сообща́ть о реше́нии	von einer Entscheidung Mitteilung machen
речь идёт об э́том, о цене́	es handelt sich darum, es handelt sich um den Preis
вопро́с о ка́честве	die Frage nach der Qualität
по	
по прибы́тии	nach Ankunft
по истече́нии сро́ка	nach Fristablauf
при	
при вскры́тии ваго́нов	beim Öffnen der Waggons
при жела́нии	auf Wunsch
при по́мощи	mit Hilfe
при тако́м усло́вии	unter dieser Bedingung

6 – Обратите внимание на соответствие: с – на; из – в.

Он приехал	с работы –	поехал	на работу
	с почты –		на почту
Она пришла	из школы –	пошла	в школу
	из института –		в институт

7 – Поставьте вместо точек правильный предлог.

1. Мы получили Ваш адрес . . . Вашего представителя, . . . которым мы познакомились . . . выставке.

2. Ссылаясь ... Ваше объявление ... экономическом журнале, мы заказываем ... Вашей фирме электронные машины ... автоматического перевода текстов.
3. Мы нуждаемся ... двух таких машинах.
4. Поставка должна осуществиться ... конца года.
5. ... подписанием контракта надо уточнить ещё несколько пунктов.
6. Мы благодарим Вас ... Вашу любезность.
7. Заказчик жалуется ... недостаточное качество поставленных изделий.
8. Мы заплатили марку пятьдесят ... литр бензина.
9. Сообщите нам, пожалуйста, Ваше мнение ... этому вопросу.
10. Перечень изделий содержится ... приложении 1 ... настоящему контракту.
11. Сегодня мы получили сообщение ... России ... фирмы Электроника.
12. С этим письмом пересылаем Вам ... одному образцу всех наших изделий.

8 – Переведите на русский язык.

Von drei bis fünf Uhr; nach St.-Petersburg fliegen; in zwei Wochen ankommen; Teile aus Metall; die Nachfrage nach Computern; unser Plan für das nächste Jahr; dank Ihrer schnellen Hilfe; unsere Teilnahme an der Ausstellung; nach Eintreffen der Waren; großes Interesse an Ihrem Angebot; die Preise für Erdgas; aus Japan kommen; über eine Million Mark; im Flugzeug über der Stadt; unter neuen Bedingungen; über alle Fragen sprechen; Warenlager unter freiem Himmel; im Vergleich zum Vorjahr; Rabatt von fünf Prozent zum Vorjahr; zu diesem Zeitpunkt.

4

Практические упражнения

Напишите рекламации следующего содержания.

1 - Lieferverzug

- Bestätigung des Eintreffens der Ware am 20.04.
- Leider war der Termin um 2 Wochen überschritten
- Schwierigkeiten, die verspätet eingetroffene Ware auf dem Markt abzusetzen
- Forderung nach Preisnachlaß um 10%
- Schnelle Antwort wird erwartet

2 - Qualitätsmangel

- Bestätigung des Wareneingangs am 30. Mai.
- Qualitätsminderung der erhaltenen Waren infolge Wassereindringens in mehrere Pakete beim Transport.
- Offensichtliche Ursache: unrichtige Lagerung.
- ein Gutachten wird bis nächste Woche erarbeitet und zugeschickt.
- Diese Erstinformation wird gegeben, um weitere Beschädigungen bei Folgelieferungen zu vermeiden.

Wassereindringen - проникание воды во что

3 - Fehlmengenanzeige

- Bestätigung des Wareneingangs am 23. Dezember.
- Bestellt waren 10 Kästen zu je 100 Metalltabletts mit Blumenmustern.
- Beim Öffnen der Kisten wurde festgestellt, daß sich in jeder Kiste nur 80 Tabletts befanden, was auch den Angaben auf der Rechnung entspricht.
- Sie bleiben bei der von Ihnen bestellten Menge von 1000 Stück.
- Sie bitten um unverzügliche Nachlieferung von 200 Tabletts der gleichen Art.

Metalltablett mit Blumenmuster - металлический поднос с изображением цветов

Nachlieferung - дополнительная поставка

Приложение

1 – Das russische Alphabet

Druckschrift		Schreibschrift		Aussprache	Beispiel im Deutschen
А	а	*А*	*а*	a	Band
Б	б	*Б*	*б*	b	Bach
В	в	*В*	*в*	w	Wald
Г	г	*Г*	*г*	g	Gold
Д	д	*Д*	*д*	d	Düne
Е	е	*Е*	*е*	je/e	jedoch
Ё	ё	*Ё*	*ё*	jo	Jochen
Ж	ж	*Ж*	*ж*	sch	Etage
З	з	*З*	*з*	s	Vase
И	и	*И*	*и*	i	Inka
Й	й	*Й*	*й*	j	Sergej
К	к	*К*	*к*	k	Kater
Л	л	*Л*	*л*	l	Luft
М	м	*М*	*м*	m	Maus
Н	н	*Н*	*н*	n	noch
О	о	*О*	*о*	o	oben
П	п	*П*	*п*	p	Papa

Druckschrift	Schreibschrift	Aussprache	Beispiel im Deutschen
Р р	*Р р*	r	Rock
С с	*С с*	s	Ast
Т т	*Т т*	t	Tür
У у	*У у*	u	Luft
Ф ф	*Ф ф*	f	fein
Х х	*Х х*	ch	ich, ach
Ц ц	*Ц ц*	z	zwei
Ч ч	*Ч ч*	tsch	Matsch
Ш ш	*Ш ш*	sch	schön
Щ щ	*Щ щ*	schtsch	Borschtsch

2 – Währungen

Страна	Land	Валюта	Währung
Австра́лия	Australien	Австрали́йский до́ллар	der Australische Dollar
А́встрия	Österreich	Австри́йский ши́ллинг	der Österreichische Schilling
Бе́льгия	Belgien	Бельги́йский франк	der Belgische Franc
Болга́рия	Bulgarien	Лев	der Lew
Брази́лия	Brasilien	Крузе́йро	der Cruzeiro
Великобрита́ния	Großbritannien	Фунт сте́рлингов	das Pfund Sterling
Ве́нгрия	Ungarn	Фо́ринт	der Forint
Герма́ния	Deutschland	Неме́цкая ма́рка	die Deutsche Mark
Да́ния	Dänemark	Да́тская кро́на	die Dänische Krone
И́ндия	Indien	Инди́йская ру́пия	die Indische Rupie

Страна	Land	Валюта	Währung
Испáния	Spanien	Испáнская песéта	die Spanische Pesete
Итáлия	Italien	Италья́нская ли́ра	die Italienische Lira
Канáда	Kanada	Канáдский дóллар	der Kanadische Dollar
Китáй	V. R. China	Юáнь	der Yuan
Люксембýрг	Luxemburg	Люксембýргский франк	der Luxemburgische Franc
Монгóлия	Mongolei	Тýгрик	der Tugrik
Нидерлáнды	Niederlande	Голлáндский гýльден	der Holländische Gulden
Норвéгия	Norwegen	Норвéжская крóна	die Norwegische Krone
Пóльша	Polen	Злóтый	der Złoty
Португáлия	Portugal	Эскýдо	der Escudo
Румы́ния	Rumänien	Лéя	der Leu
Словáкия	Slowakei	Словáцкая крóна	die Slowakische Krone
Соединённые Штáты Амéрики	USA	Дóллар США	der US-Dollar
Финля́ндия	Finnland	Финля́ндская мáрка	die Finnmark
Фрáнция	Frankreich	Францýзский франк	der Französische Franc
Чéхия	Tschechien	Чéшская крóна	die Tschechische Krone
Швейцáрия	Schweiz	Швейцáрский франк	der Schweizer Franken
Швéция	Schweden	Швéдская крóна	die Schwedische Krone
Япóния	Japan	Иéна	der Yen

3 – Maßeinheiten – единицы измерения

Es gilt im allgemeinen das Internationale Einheitensystem SI (СИ).

Längenmaße – меры длины

миллимéтр	мм	mm
сантимéтр	см	cm
децимéтр	дм	dm
метр	м	m
киломéтр	км	km

Flächeninhalt – меры площади

квадра́тный миллиме́тр	$мм^2$	(кв. мм.)	mm^2
квадра́тный сантиме́тр	$см^2$	(кв. см.)	cm^2
квадра́тный дециме́тр	$дм^2$	(кв. дм.)	dm^2
квадра́тный метр	$м^2$	(кв. м.)	m^2
квадра́тный киломе́тр	$км^2$	(кв. км.)	km^2

Volumen, Rauminhalt – меры объёма

литр	л	l
полли́тра	0,5 л	0,5 l
децили́тр	дл	dl
миллили́тр	мл	ml
декали́тр	дкл	dal (10 l)
гектоли́тр	гкл	hl
куби́ческий сантиме́тр	куб. см ($см^3$)	cm^3
куби́ческий дециме́тр	куб. дм ($дм^3$)	dm^3
куби́ческий метр	куб. м ($м^3$)	m^3

Masse – меры массы

грамм	г	g
килогра́мм	кг	kg
то́нна	т	t

Energie – энергия

джо́уль	Дж	J
киловатт-ча́с	кВт-ч	kWh

Elektrische Stromstärke – сила тока

ампе́р	А	A
миллиампе́р	мА	mA
килоампе́р	кА	kA

Frequenz – частота

герц	Гц	Hz
килоге́рц	кГц	kHz
мегаге́рц	МГц	MHz

4 – Häufig gebrauchte Abkürzungen in Anschriften

г.	го́род	Stadt
корп.	ко́рпус	Wohnblock, Gebäudekomplex
наб.	на́бережная	Ufer(straße)
п. oder пер.	переу́лок	Gasse
пл.	пло́щадь	Platz
п/о	почто́вое отделе́ние	Postamt
под.	подъе́зд	Auffahrt, Eingang
пр.	прое́зд	Passage
пр. oder просп.	проспе́кт	Prospekt
п/я	почто́вый я́щик	Postfach
ул.	у́лица	Straße
д.	дом	Haus (kann vor Hausnummer stehen)

5 – Buchstabiertafel für Telefonate

А – А́нна
Б – Бори́с
В – Васи́лий
Г – Григо́рий
Д – Дми́трий
Е – Еле́на
Ж – Же́ня
З – Зинаи́да
И – Ива́н
К – Константи́н
Л – Леони́д
М – Михаи́л
Н – Никола́й
О – О́льга
П – Па́вел
Р – Рома́н
С – Семён
Т – Татья́на
У – Улья́на
Ф – Фёдор
Х – Харито́н
Ц – Ца́пля
Ч – Челове́к
Ш – Шу́ра
Щ – Щу́ка
Ъ – твёрдый знак
Ы – еры́
Ь – мя́гкий знак
Э – Э́хо
Ю – Ю́рий
Я – Я́ков
Й – и-кра́ткое

6 – Telex

Ein Telex (те́лекс) ist ein Schreiben, das mit einem Fernschreiber an Telexteilnehmer national wie international übermittelt werden kann.
Russischsprachige Texte werden prinzipiell mit lateinischen Buchstaben wiedergegeben. Dabei wird das folgende System der Buchstabenentsprechung angewendet:

А	A	И	I	Р	R	Ш	SH
Б	B	И	I (J)	С	S	Щ	SC (SCH)
В	V	К	K	Т	T	Ъ	/
Г	G	Л	L	У	U	Ы	Y
Д	D	М	M	Ф	F	Ь	/
Е	E	Н	N	Х	H	Э	E
Ё	Ë	О	O	Ц	C	Ю	IU (JU)
Ж	J (ZH)	П	P	Ч	CH	Я	IA (JA)
З	Z						

Wenn die in Klammern angeführten Entsprechungen benutzt werden, so sind konsequent alle 5 Entsprechungen zu verwenden, sonst kann es zu Mißverständnissen kommen.

Hinweis: Bei der Transkription von Firmen- und anderen Eigennamen hält man sich nicht immer an dieses System der Buchstabenentsprechung.

7 – Deklination der Familiennamen in der russischen Sprache

Russische Familiennamen auf -ов, -ев (-ёв), -ын, -ин sind ihrer Entstehung nach Adjektive und haben zum Teil adjektivische Endungen:

	Singular								Plural	
	Maskulinum				Femininum					
N.	Петро́в		Ива́н		Петро́в	а	Ири́н	а	Петро́в	ы
G.		а		а		ой		ы		ых
D.		у		у		ой		е		ым
A.		а		а		у		у		ых
I.		ым		ом		ой		ой		ыми
P.		е		е		ой		е		ых

Entreprise des Postes allemandes S.A.
Deutsche Post AG

Einlieferungsschein/Récépissé
Einlieferungsnummer
N°du colis

Von
De

Name und Anschrift des Absenders/Expéditeur ☎

Bitte fest aufdrücken

Deutschland/Allemagne

Die Sendung/das Paket kann amtlich geöffnet werden
L'envoi/le colis peut être ouvert d'office

An
A

Name und Anschrift des Empfängers/Destinataire ☎

Wertangabe (in Buchstaben)/Valeur déclarée (en lettres)	in Ziffern/en chiffres DM
Nachnahmebetrag (in Buchstaben) Montant du remboursement (en lettres)	in Ziffern/en chiffres
Postbankkonto Nr./N° de compte	Bankleitzahl/Code bancaire
Kontoinhaber/Titulaire du comte	Postbank/Bureau de chèques

Bezeichnung des Inhalts/Anzahl der Gegenstände Désignation du contenu/Nombre d'objets	Ursprungsland d. Waren Pays d'origine	Zolltarifnr. (falls bekannt) N° tarifaire (si connu)	Nettogewicht Poids net	(Zoll)wert Valeur(en douane)

Nicht erforderlich bei EU-Staaten

☐ Warenmuster Echanitillon commercial ☐ Schriftstücke Documents ☐ Geschenk Cadeau

☐ **PREMIUM** ☐ **ECONOMY** ☐ **SEE**

Bei Unzustellbarkeit/En cas de non-livraison:

☐ Unzustellbarkeitsanzeige an den Absender
Avis de non-livraison à l'expéditeur

☐ Preisgabe/Traiter comme abandonné

☐ Rücksenden a.d. Absender
Renvoyer à l'expéditeur

☐ Sofort Immédiatement

☐ Nach ___ Tagen
Après ___ jours

☐ auf dem preiswertesten Weg
par la voie la plus économique

☐ auf dem Luftweg
par voie aérienne

☐ Nachsenden an den o.a. Empfänger
Réexpédier au destinataire

x7.96

915-301-000

Wertangabe in SZR/
Valeur déclarée en DTS

Einlieferungsstelle/Einlieferungsdatum
Bureau d'origine/Date de dépôt

Bruttogewicht
Poids brut total

Entgelte/Taxes

Date et signature du destinataire

Datum und Unterschrift des Absenders/Date et signature de l'expéditeur
Anerkenntnis der AGB FrD Ausl

Сохраняется на все время пребывания в РФ или за границей.
При утере не возобновляется.

Сообщение неправильных сведений в таможенной декларации, а также сотруднику таможни влечет за собой ответственность на основании законодательства РФ.

ТАМОЖЕННАЯ ДЕКЛАРАЦИЯ

Фамилия, имя, отчество ______________________________

____

Гражданство ______________________________

Из какой страны прибыл ______________________________

В какую страну следует ______________________________

Цель поездки (деловая, туризм, личная и т. п.) ______________________________

Мой багаж, включая ручную кладь, предъявляемый для таможенного контроля, состоит из ______________ мест.

При мне и в моем багаже имеются:

I. Оружие всякое и боеприпасы ______________________________

II. Наркотики и приспособления для их употребления ______________________________

III. Предметы старины и искусства (картины, рисунки, иконы, скульптуры и др.) ______________________________

IV. Российские рубли, облигации государственных займов РФ и билеты российских лотерей ______________________________

V. Другая валюта (кроме российских рублей), (банкноты, казначейские билеты, монеты), платежные документы (чеки, векселя, аккредитивы и другие), фондовые ценности (акции, облигации и другие) в иностранной валюте, драгоценные металлы (золото, серебро, платина, металлы платиновой группы) в любом виде и состоянии, природные драгоценные камни в сыром и обработанном виде (алмазы, бриллианты, рубины, изумруды, сапфиры, а также жемчуг), ювелирные и другие бытовые изделия из драгоценных металлов и драгоценных камней и лом таких изделий, а также имущественные документы.

Наименование	Количество		Отметки таможни
	цифрами	прописью	
Доллары США			
Фунты стерлингов			
Французские франки			
Марки ФРГ			

VI. Принадлежащие другим лицам российские рубли, другая валюта, платежные документы, ценности и любые предметы ______________________________

Мне известно, что наряду с предметами, поименнованными в декларации, подлежат обязательному предъявлению для контроля: произведения печати, рукописи кинофотопленки, видео- и звукозаписи, почтовые марки, изобразительные материалы и т. п., равно как и предметы не для личного пользования.

Также заявляю, что отдельно от меня следует принадлежащий мне багаж в количестве ______________ мест. Подпись владельца ручной клади

« » ______________ 199 г. и багажа ______________________________

Претензии
принимаются
в течении 1-месяца
со дня подачи

МИНИСТЕРСТВО СВЯЗИ РФ	ПЕРЕДАЧА
ТЕЛЕГРАММА	______ го ______ ч. ______ м.
______________	Номер рабочего места
№ ______________	Автоответ пункт приема
______ сл. ______ го ______ ч. ______ м.	Передал ______________
	Служебные отметки

Категория и отметки
особого вида

Куда, кому

Фамилия и адрес отправителя
(не оплачивается и по связям
не передается)

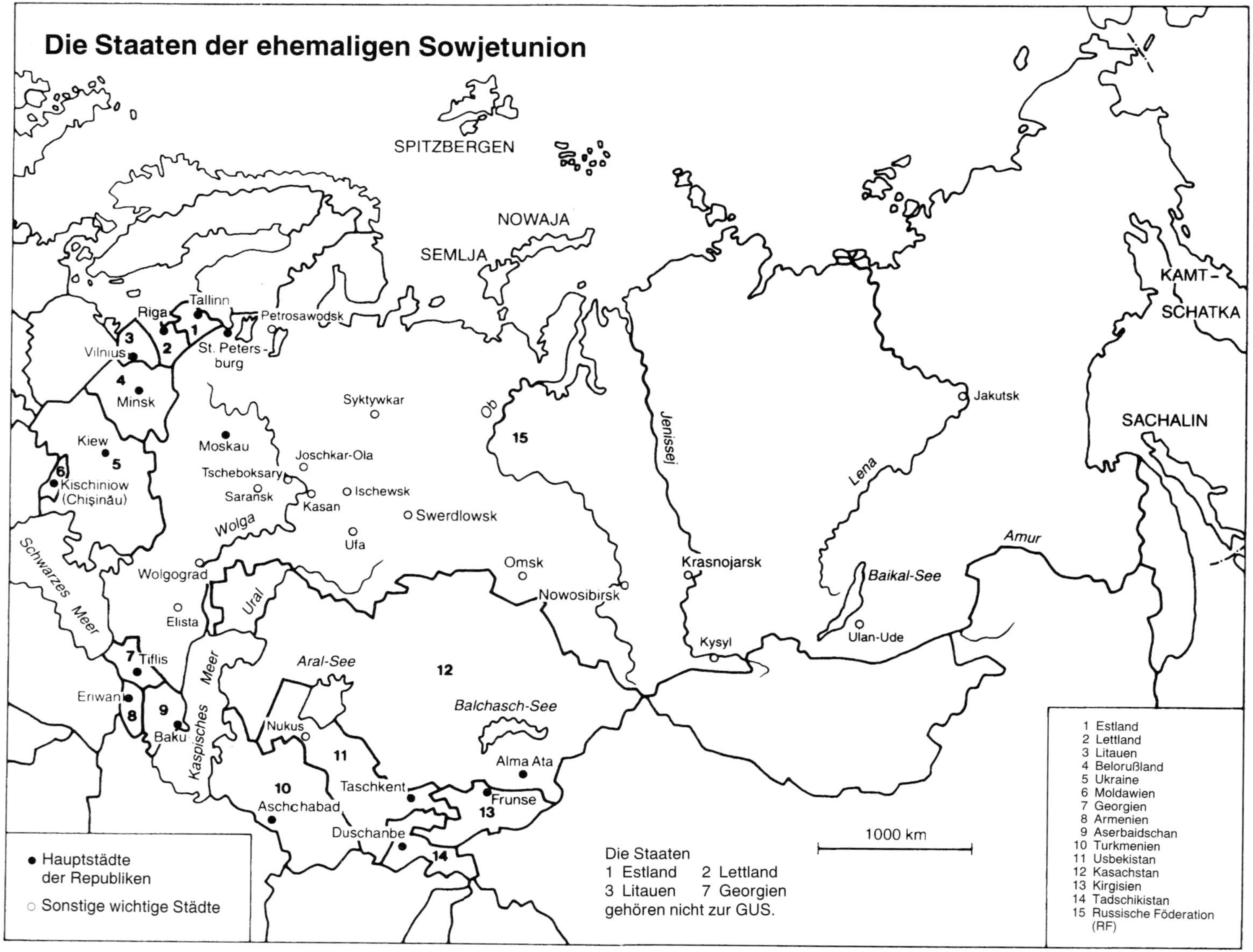
Die Staaten der ehemaligen Sowjetunion
SPITZBERGEN
NOWAJA
SEMLJA
KAMT-
SCHATKA
SACHALIN
Tallinn
Riga
Vilnius
Minsk
Kiew
Kischiniow
(Chişinău)
St. Peters-
burg
Petrosawodsk
Syktywkar
Moskau
Joschkar-Ola
Tscheboksary
Saransk
Kasan
Ischewsk
Swerdlowsk
Ufa
Wolga
Wolgograd
Elista
Tiflis
Eriwan
Baku
Schwarzes Meer
Kaspisches Meer
Ural
Aral-See
Nukus
Taschkent
Aschchabad
Duschanbe
Frunse
Alma Ata
Balchasch-See
Omsk
Nowosibirsk
Ob
Jenissej
Krasnojarsk
Kysyl
Lena
Jakutsk
Baikal-See
Ulan-Ude
Amur
1 2 3 4 5 6 7 8 9 10 11 12 13 14 15
1000 km
• Hauptstädte der Republiken
○ Sonstige wichtige Städte
Die Staaten
1 Estland 2 Lettland
3 Litauen 7 Georgien
gehören nicht zur GUS.
1 Estland
2 Lettland
3 Litauen
4 Belorußland
5 Ukraine
6 Moldawien
7 Georgien
8 Armenien
9 Aserbaidschan
10 Turkmenien
11 Usbekistan
12 Kasachstan
13 Kirgisien
14 Tadschikistan
15 Russische Föderation (RF)

Словарь

Vorbemerkung

Das alphabetische Wörterverzeichnis enthält alle im Lehrbuch »Russisch für Wirtschaft und Handel« vorkommenden Vokabeln mit Ausnahme

- der Eigennamen,
- der Numeralien,
- der reflexiven Verben bei Vorhandensein der entsprechenden nichtreflexiven Formen.

Bei Substantiven auf -ь ist das Genus und damit die Deklination durch nachgestelltes -я bzw. -и angegeben.

Mehrwortbegriffe sind in der Regel nach dem Nestsystem unter dem ersten Substantiv zu finden.

Aspektpaarige Verben sind in der Reihenfolge unvollendet/vollendet aufgeführt. In der alphabetischen Folge alleinstehende vollendete Verben sind mit v. gekennzeichnet.

Die Ziffer hinter dem russischen Stichwort bezeichnet die Lektion, in der die betreffende Vokabel das erste Mal vorkommt.

Verwendete Abkürzungen

bzw.	beziehungsweise
etw.	etwas
Inf.	Infinitiv
jdn.	jemand(en)
Pl.	Plural
s.	sich

А

абоне́нт (2) Abonnent, Teilnehmer
ава́нс (7) Vorschuß
ава́нсом (7) im voraus, vorweg
авари́йный (8) Havarie-, Störungs-
ава́рия (8) Havarie, Störung
а́вгуст (3) August
автокра́н (3) Kranwagen, Autokran
автомоби́ль, -я (6) Kraftfahrzeug, Auto
автопогру́зчик (1) Hubstapler
аге́нт (2) Agent
аге́нтство (6) Agentur
тра́нспортно-экспедицио́нное а. (6) Spedition
адвенти́ст седьмо́го дня (1) Siebentagesadventist
а́дрес (3) Adresse
юриди́ческий а. фи́рмы (5) eingetragene Firmenadresse
Азербайджа́н (1) Aserbaidschan
азербайджа́нский (7) aserbaidschanisch
акаде́мия (7) Akademie
Дипломати́ческая а. (7) Hochschule für Diplomatie
А́зия, Сре́дняя (1) Mittelasien
аккредити́в (5) Akkreditiv
безотзы́вный и подтверждённый а. (5) unwiderrufliches und bestätigtes Akkreditiv
документа́рный а. (7) Dokumentenakkreditiv
акт (8) Akt, Aktion, Handlung; Akte, Dokument, Urkunde
акцепти́ровать (4) akzeptieren
акционе́рная компа́ния (1) Aktiengesellschaft
америка́нский (4) amerikanisch
ана́лиз (3) Analyse
анализа́тор (1) Analysegerät
ла́зерный а. (1) Laser-Analysegerät
анализи́ровать (8) analysieren
англи́йский (2) englisch
аннули́ровать (5) annullieren
ано́нс (1) Annonce, Anzeige
АО (акционе́рное о́бщество) (1) AG (Aktiengesellschaft)
аппара́т (6) Apparat, Vorrichtung, Gerät
арби́тр (5) Schiedsrichter
арбитра́ж (5) Schiedsgericht
Аргенти́на (4) Argentinien
Арме́ния (1) Armenien
армя́нский (7) armenisch
асбестотре́ст (1) Asbesttrust
ассортиме́нт (2) Sortiment
аудиоаппарату́ра (2) Hörfunkgeräte
аудиокассе́та (2) Tonbandkassette, MC
аудиоте́хника (2) Audiotechnik, Hörfunkgeräte
аукцио́н (7) Auktion, Versteigerung
аэропо́рт (6) Flughafen, Flugplatz
афи́ша (2) Aushang, Anschlagzettel, Plakat

Б

бак (6) Behälter, Tank
банк (1) Bank
ба́нка (6) Büchse, Dose, Glas
банке́т (1) Bankett, Festessen
ба́ночный (1) Büchsen-
ба́ртер (7) Barter, Realtausch
безнали́чный (7) bargeldlos
безогово́рочный (5) vorbehaltlos, bedingungslos
безотзы́вный (5) unwiderruflich
безупре́чный (8) einwandfrei, tadellos
безуспе́шный (7) erfolglos
Белару́сь, -и (1) (weißrussische Lautung) Weißrußland

Белору́ссия (8) (russische Lautung) Weißrußland
белору́сский (8) weißrussisch
бе́лый (2) weiß
бензи́н (8) Benzin
бере́чь (7) schonen, bewahren, hüten
бесе́да (2) Gespräch
бесполе́зный (5) nutzlos, unnütz, vergeblich
биг-мак (2) Big-Mac
би́знес (2) Geschäft, Business
бизнесме́н (2) Geschäftsmann
биле́т (7) Billet, Fahrkarte, Eintrittskarte, Mitgliedsausweis
б. в теа́тр Theaterkarte
би́ржа (2) Börse
биржево́й (2) Börsen-
благодари́ть/поблагодари́ть (1) danken
благода́рность, -и (5) Dankbarkeit
благодаря́ (5) dank, durch
благополу́чный (6) günstig, glücklich; wohlbehalten
бланк (5) Formular
печа́тный б. (5) Vordruck
ближа́йший (1) nächster
блокно́т (5) Notizbuch, Notiz-, Schreibblock
бога́тый (2) reich
бока́л (5) Glas, Pokal
бо́лее (5) mehr
большинство́ (5) Mehrzahl, Mehrheit
большо́й (2) groß
бо́нус (7) Bonus
борт (6) Bord
боти́нки, лы́жные (4) Skistiefel
бо́чка (6) Faß
боя́ться (6) (sich) fürchten
брать/взять (6) nehmen; ergreifen
б. на себя́ (4) auf sich nehmen, übernehmen
брита́нский (3) britisch
бро́кер (2) Broker
брошю́ра (4) Broschüre
бру́тто (6) brutto
будди́йский (1) buddhistisch
бу́дущее (3) Zukunft
бу́ква (1) Buchstabe
бум (2) Boom, sprunghafter Aufschwung
бурово́й (1) Bohr-
буты́лка (6) Flasche
бы́вший (7) ehemalig
быстроизна́шивающийся (5) schnell verschleißend, Verschleiß-
бы́стрый (2) schnell
быть (2) sein
б. в распоряже́нии zur Verfügung stehen
б. заинтересо́ванным (1) interessiert sein
бюдже́т (2) Budget, Haushalt
бюро́ путеше́ствий (2) Reisebüro

В

ваго́н (7) Waggon, Wagen
ва́жный (2) wichtig
валю́та (7) Valuta
валю́тный (7) Valuta-
ВАО (Внешнеэкономи́ческое акционе́рное о́бщество) (1) Außenwirtschafts-AG
вариа́нт (3) Variante
ва́учер (2) Voucher, Gutschein
ввиду́ (5) angesichts, infolge, wegen
ввод в эксплуата́цию (8) Inbetriebnahme, Inbetriebsetzung
вводи́ть/ввести́ (3) einführen
вдоль (6) längs, entlang
ве́жливый (8) höflich

везде́ (4) überall
ве́ксель, -я (5) Wechsel
величина́ (7) Größe
вербо́вочный (2) Werbe-, Reklame-
вербо́вочное письмо́ (2) Werbebrief
верну́ть v. (5) zurückgeben, zurückschicken
верну́ться v. (1) zurückkehren
вероиспове́дание (1) Glaubensbekenntnis, Konfession
вероя́тный (5) wahrscheinlich
верх (6) Oberteil, oben (als Hinweis auf Verpackungen)
вес (6) Masse, Gewicht
о́бщий в. Gesamtgewicht, Gesamtmasse
чи́стый в. Reinmasse, Nettogewicht
весе́нний (3) Frühjahrs-
вести́ (7) führen
весь (7) ganz
весьма́ (7) überaus, sehr, höchst
весы́, -о́в Pl. (5) Waage
прецизио́нные в. (5) Präzisionswaage
ве́чер (7) Abend
взаи́мно-прие́млемый (7) gegenseitig annehmbar
взволнова́ть v. (2) erregen
взаи́мный (1) gegenseitig
взима́ть (7) (Gebühren) erheben, einziehen
взно́сы, чле́нские (7) Mitgliedsbeiträge
взы́скивать/взыска́ть (7) (Gebühren, Steuern) erheben, einziehen
взять v. (6) nehmen, ergreifen
вид (4) Art, Weise; Ansicht
видеоаппарату́ра (2) Videogeräte
видеокассе́та (2) Videokassette
видеомагнитофо́н (4) Videorecorder
видеоте́хника (2) Videotechnik, Videogeräte
ви́димый (1) sichtbar
визи́т (5) kurzer Besuch, Visite
вина́ (8) Schuld
винова́тый (8) schuldig
вклад (2) Anlage, Deposit, Beitrag
в. под больши́е проце́нты (2) Anlage zu hohen Zinsen
вкла́дывать/вложи́ть (6) hineinlegen, investieren
включа́ть/включи́ть (1) einschließen, einbeziehen
включа́я (3) einschließlich
владе́лец, -льца (1) Besitzer, Inhaber
влия́ние (2) Einfluß
вме́сте (5) zusammen, gemeinsam
внесе́ние (5) Einbringen, Hinzufügung
внешнеторго́вый (1) Außenhandels-
внешнеэкономи́ческий (1) Außenwirtschafts-, außenwirtschaftlich
вне́шний (8) äußer, Außen-, auswärtig
внима́ние (5) Aufmerksamkeit
внима́нию (6) zu Händen von (z. Hd.) (in Briefen)
внима́тельный (3) aufmerksam
внутри́ (7) innerhalb
внутрифи́рменный (7) innerhalb einer Firma, firmenintern
во́время (7) rechtzeitig
води́тель, -я (Kraft-)Fahrer, Wagenführer
водootта́лкивающий (4) wasserabweisend
вое́нный (3) militärisch, Kriegs-
возвра́т това́ров (7) Rückführung, Rückgabe von Waren
возвраща́ть/возврати́ть (7) zurückgeben, zurückführen
возвраще́ние (7) Rückgabe, Rückführung
возде́йствие (8) Einwirkung
возду́шный (6) Luft-
возмеща́ть/возмести́ть уще́рб (8) Schaden ersetzen
возмеще́ние (5) Ersatz

возмо́жность, -и (1) Möglichkeit
в. реализа́ции това́ров на ры́нке (5) Marktgängigkeit von Waren, Absatzfähigkeit
возмо́жный (3) möglich
возника́ть/возни́кнуть (1) entstehen, auftreten
возникнове́ние (8) Entstehung
войти́ v. (2) hineingehen, enthalten sein
волнова́ть/взволнова́ть v. (2) erregen
вопро́с (1) Frage
воспламеня́ющийся (6) entzündlich
воспринима́ть/восприня́ть (2) aufnehmen, wahrnehmen
восто́чный (1) östlich, Ost-
востре́бование (4) Forderung
до востре́бования postlagernd
восхища́ться/восхити́ться (1) s. begeistern, entzückt sein
восхище́ние (1) Begeisterung
вперёд (5) im voraus, vorab
впечатле́ние (2) Eindruck
вполне́ (5) vollkommen, völlig
врач (2) Arzt
вре́мя, вре́мени (2) Zeit
во вре́мя (2) während
вруча́ть/вручи́ть (6) überreichen, übergeben, aushändigen
все (2) alle
всегда́ (7) immer
вско́ре (5) bald, in kurzer Zeit
вследствие (6) infolge
вслух (7) laut, hörbar
вспомина́ть/вспо́мнить (1) s. erinnern, gedenken
вставля́ть/вста́вить (2) einsetzen
встре́ча (3) Treffen, Begegnung
встреча́ться/встре́титься (1) s. treffen, s. begegnen
встре́чный (7) Gegen-
вступа́ть/вступи́ть (7) eintreten
вступле́ние в си́лу (5) Inkrafttreten
вся́кий (6) jeder, jeglicher
вся́ческий (5) jeglich, verschieden, jeder mögliche
входи́ть/войти́ (1) hineingehen, eingehen, enthalten sein
вчера́ (3) gestern
вчера́шний (5) gestrig
выбира́ть/вы́брать (1) wählen, auswählen, aussuchen; herausnehmen
вы́бор (2) Wahl, Auswahl
вы́воз (6) Ausfuhr, Export
вывозно́й (6) Ausfuhr-, Export-
вы́годный (2) vorteilhaft, günstig
выдава́ть/вы́дать (5) ausgeben, aushändigen; ausstellen, (Auftrag) erteilen
вы́дача зака́за (5) Aufgabe, Auslösen einer Bestellung, Auftragserteilung
выделя́ть/вы́делить (4) aussuchen, wählen; bestimmen; aussondern
в. вре́мя на что (4) Zeit für etw. vorsehen, zur Verfügung stellen
вызыва́ть/вы́звать (5) hervorrufen, veranlassen
вынужда́ть/вы́нудить (5) zwingen
выпада́ть/вы́пасть (2) herausfallen
вы́писка из счёта (7) Kontoauszug
выпи́сывать/вы́писать (7) herausschreiben; abonnieren
вы́плата (1) Zahlung, Auszahlung
ава́нсовая в. (5) Vorauszahlung
в. проце́нтов (1) Zinszahlung
выпла́чивать/вы́платить (7) auszahlen
выполне́ние (6) Erfüllung, Ausführung
выполня́ть/вы́полнить (5) erfüllen, ausführen
выра́внивать/вы́ровнять (7) ausgleichen, planieren
выража́ть/вы́разить (3) ausdrücken
выраже́ние (3) Ausdruck
выска́зывание (6) Aussage

высказываться/высказаться (3) s. äußern, s. aussprechen
выслать v. (5) ab-, wegschicken, absenden
высококачественный (2) hochwertig
высокий (2) hoch
высота (6) Höhe
выставка (1) Ausstellung
выставочный (1) Ausstellungs-
выступать/выступить (1) auftreten
высылать/выслать (5) ab-, wegschicken, absenden
высылка (5) Absendung, Versendung
выучивать/выучить (7) lernen
вычислительный (2) Rechen-
вычислять/вычислить (7) berechnen, ausrechnen
вычитать/вычесть (7) abziehen, subtrahieren
вышеизложенный (5) oben dargelegt
вышеуказанный (5) oben angegeben
вышеупомянутый (6) oben erwähnt
выявление (8) Feststellung
выявлять/выявить (8) feststellen, aufklären
выяснять/выяснить (6) (auf)klären, klarstellen

Г

габарит (5) Umgrenzungsprofil, (Außen-)Abmessung, Außenmaß
газ (7) Gas
гарантировать (3) garantieren
гарантия (5) Garantie
генератор (6) Generator; Lichtmaschine (Auto)
Германия (1) Deutschland
гибель, -и (6) Verderb, Verfall
главный (7) Haupt-, hauptsächlich, Chef-
глагол (1) Verb
год (1) Jahr
годный (6) geeignet, tauglich
годовой (1) jährlich, Jahres-
годовые (проценты) (1) Jahreszinsen
гонорар (7) Honorar
город (1) Stadt
господин (1) Herr
гостеприимство (5) Gastfreundschaft
государственный (1) staatlich
государство (1) Staat
готовить (5) vor-, zubereiten
готовый (6) bereit, fertig
градус (7) Grad
граница (5) Grenze
гривна Grivna (Währungseinheit der Ukraine)
груз (6) Ladung, Fracht
грузинский (7) georgisch
Грузия (7) Georgien
группа (3) Gruppe
группировка (7) Gruppierung

Д

давай, давайте + Inf. (5) laßt uns, wollen wir
давать/дать (1) geben
далёкий (3) weit, fern
дальнейший (1) weiter, folgend
данные (4) Daten, Angaben
данный (1) gegeben, betreffend, dieser
дата отправки (7) Versanddatum
двухгодичный (5) zweijährig
дебетовать счёт (7) Konto belasten
девушка (2) Mädchen
деепричастие (5) Adverbialpartizip

де́йствие (5) Handlung, Tätigkeit; Wirkung
действи́тельный (4) wirklich, tatsächlich; gültig
де́йствовать (1) handeln; funktionieren, in Betrieb sein; wirken, gelten
дека́брь, -бря́ (7) Dezember
деклара́ция, тамо́женная (6) Zollerklärung
де́лать (3) machen, tun
делово́й (1) Geschäfts-
демонстра́ция (5) Demonstration, Vorführung
демонстри́ровать/продемонстри́ровать (3) zeigen, vorführen, demonstrieren
де́нежный (7) Geld-
день, дня (5) Tag
рабо́чий д. (5) Arbeitstag
де́ньги, нали́чные (7) Bargeld
депози́т (2) Depositum, (meist Pl.) Depositen, Bankeinlagen
депони́ровать (6) deponieren, hinterlegen
дере́вня (1) Dorf
де́рево (4) Baum, Holz
строи́тельное д. (4) Bauholz
деревя́нный (6) Holz-, hölzern
держа́ть (7) halten
дета́льный (3) detailliert, Einzel-, genau
де́ти, -те́й (1) Kinder
де́тский (1) Kinder-
дефе́кт (8) Defekt, Fehler
дефе́ктный (5) fehlerhaft, schadhaft
дешёвый (7) billig
де́ятельность, -и (1) Tätigkeit
джи́нсовый (2) Jeans-, Baumwoll-
диза́йн (8) Design
ди́лер (2) Händler
диске́та (2) Diskette
длина́ (6) Länge
дли́нный (1) lang
дли́тельный (2) lang andauernd
для (2) für
д. этого (6) dazu, dafür
до тех пор, пока́ . . . не (6) solange, bis
добавля́ть/доба́вить (6) (hin)zufügen, ergänzen
доброка́чественный (8) hochwertig, von guter Qualität
добыва́ть/добы́ть (3) gewinnen, fördern
дове́рие (5) Vertrauen
дово́льный (7) zufrieden
догова́риваться/договори́ться (5) übereinkommen
догова́ривающиеся сто́роны (5) vertragschließende Seiten
догово́р (5) Vertrag
д. ку́пли-прода́жи (5) Kaufvertrag
заключа́ющие д. сто́роны (5) vertragschließende Seiten
договорённость, -и (3) Vereinbarung, Übereinkunft
доказа́тельство (8) Beweis
до́ковый (6) Dock-
до́ктор (7) Doktor
докуме́нт (7) Dokument
отгру́зочные докуме́нты (6) Versanddokumente
документа́ция (5) Dokumentation; Unterlagen
делова́я д. (5) Handelsunterlagen; Handelsdokumentation
техни́ческая д. (5) technische Unterlagen, technische Dokumentation
до́лгий (7) lang
долгосро́чный (7) langfristig
до́лжен (3) schuldig sein; (mit Infinitiv) müssen
до́ллар (7) Dollar
домо́й (4) nach Hause

допла́чивать/доплати́ть (7) nachzahlen
дополне́ние (5) Zusatz, Ergänzung
дополни́тельный (5) zusätzlich
дополня́ть/допо́лнить (2) ergänzen, auffüllen
доро́га, желе́зная (7) Eisenbahn
доро́жный (6) Wege-, Straßen-, Eisenbahn-
доска́ (4) Brett, Tafel
досро́чный (5) vorfristig
достава́ть/доста́ть (5) besorgen, erlangen
доста́вка (6) Zustellung, Anlieferung
доставля́ть/доста́вить (6) (an)liefern, zustellen
достига́ть/дости́гнуть и дости́чь (7) erreichen
достопримеча́тельность, -и (4) Sehenswürdigkeit
дочь, до́чери (1) Tochter
драм (7) Dram (Währungseinheit in Armenien)
друго́й (1) anderer
дублика́т (6) Duplikat
ду́мать (2) denken

Е

ева́нгельский (1) evangelisch
Евро́па (3) Europa
европе́йский (3) europäisch
едини́ца (5) Einheit
валю́тная е. (5) Valutaeinheit
де́нежная е. (5) Geldeinheit
еди́ный (7) einheitlich
ежекварта́льный (1) vierteljährlich
е́сли (5) wenn
ещё (6) noch

Ж

жале́ть/пожале́ть (4) bedauern, bereuen
жа́лоба (8) Klage, Beschwerde
жа́ркий (1) heiß
ждать (1) warten
жева́тельный (1) Kau-
жела́ние (3) Wunsch
жела́ть (3) wünschen
жена́ (1) (Ehe-)Frau
жена́тый (1) verheiratet
же́нский (1) Damen-, Frauen-
же́нщина (2) Frau
жи́вопись, -и (3) Malerei
Па́лехская ж. Palech-Malerei
жи́дкость, -и (6) Flüssigkeit
жилотде́л (1) Abteilung Wohnungswesen (in der Stadtverwaltung)
жить (1) wohnen, leben
журна́л (8) Journal, Zeitschrift

З

забасто́вка (5) Streik
забо́та (2) Sorge, Fürsorge
забо́титься/позабо́титься о ком, о чём (6) s. kümmern um, sorgen für jdn./etw.
забыва́ть/забы́ть (1) vergessen
заве́дующая (8) Leiterin
заве́дующий (3) Leiter
завере́ние (5) Versicherung, Beteuerung
заверя́ть/заве́рить (3) versichern, beteuern; beglaubigen
зави́сеть (7) abhängen
зави́симость, -и (7) Abhängigkeit
в зави́симости от (7) in Abhängigkeit von, je nach
заво́д (8) Werk, Betrieb
ши́нный з. (8) Reifenwerk

завыша́ть/завы́сить (7) überhöhen; zu hoch angeben
завя́зывать/завяза́ть (3) anknüpfen, binden
заголо́вок письма́ (3) Briefkopf
загранu̇чный (7) ausländisch
задава́ть/зада́ть (6) aufgeben
з. вопро́с (6) Frage stellen
зада́ча (2) Aufgabe
заде́рживать/задержа́ть (8) verzögern, aufhalten
заде́ржка (5) Verzug, Verzögerung
заезжа́ть/зае́хать за това́ром (6) die Ware abholen
зажига́ние (6) Entzündung, Zündung
заинтересо́ванность, -и (3) Interesse, Interessiertheit
заинтересова́ть v. (3) interessieren
зака́з (5) Bestellung, Auftrag
пе́рвый з. (5) Erstbestellung, Erstauftrag
дополни́тельный з. (5) Nachbestellung
повто́рный з. (5) wiederholte, erneute Bestellung, Nachbestellung
постоя́нный з. (5) Dauerauftrag
про́бный з. (5) Testbestellung, Probebestellung
зака́зчик (5) Besteller, Auftraggeber, Kunde
зака́зывать/заказа́ть (3) bestellen
зака́нчивать/зако́нчить (3) beenden, abschließen
заключа́ть/заключи́ть (4) abschließen
заключе́ние (7) Abschluß; Gutachten
заключи́тельный (1) Abschluß-, abschließend
заку́пка (5) Einkauf, Kauf, Bezug
з. това́ров (5) Wareneinkauf, -bezug
заку́сочная (2) Imbiß(stand), Schnellgaststätte
зал, вы́ставочный (2) Ausstellungshalle
заме́на (8) Ersatz, Austausch
заменя́ть/замени́ть (5) ersetzen
замерза́ние (1) Ein-, Ge-, Zufrieren
замести́тель, -я (5) Stellvertreter
замеча́ние (4) Bemerkung
за́мкнутый (7) geschlossen, verschlossen
за́мужем (1) verheiratet
занима́ть/заня́ть (1) einnehmen, in Anspruch nehmen
занима́ться чем (1) s. befassen, beschäftigen mit etw.
за́нятый (5) Beschäftigter
за́пад (1) Westen
запако́вывать/запакова́ть (6) verpacken
запа́с (5) Vorrat, Reserve
запасна́я часть (7) Ersatzteil
заплати́ть v. (7) bezahlen
заполня́ть/запо́лнить (1) ausfüllen; anfüllen
запра́шивать/запроси́ть (2) anfragen; anfordern
запро́с (3) Anfrage
запча́сть, -и (запасна́я часть) (5) Ersatzteil
зара́нее (5) im voraus, vorher
зарпла́та (7) Lohn
зарубе́жье, бли́жнее (1) nahes Ausland
застрахова́ть v. (6) versichern
застыва́ть/засты́ть (1) erstarren
затрудня́ть/затрудни́ть (1) erschweren, Schwierigkeiten verursachen
заче́м (1) warum, weshalb
зая́вка (1) Forderung; Anforderung; Anmeldung
з. на изготовле́ние (1) Herstellungsauftrag
з. на э́кспорт (6) Exporterklärung

зая́вка на экспорт (6) Exporterklärung
заявле́ние (5) Erklärung
заявля́ть/заяви́ть (7) erklären
звать (1) rufen; nennen
звукова́я пла́та (2) Compact Disc (CD)
здесь (6) hier
здоро́вье (7) Gesundheit
здра́вствуйте (5) Guten Tag!
зелёный (3) grün
землетрясе́ние (5) Erdbeben
земля́ (7) Erde, Land
Федера́льная Земля́ (7) Bundesland (der BRD)
зерни́стость, -и (1) Körnigkeit; Körnung
ЗИЛ (Заво́д и́мени Лихачёва) (1) Lichatschow-Autowerk
зимо́й (1) im Winter
знако́мство (1) Bekanntschaft
знако́мый (3) bekannt, Bekannte
знать (1) kennen, wissen
значе́ние (1) Bedeutung
значи́тельный (5) bedeutend, beträchtlich, sehr groß
зо́на (7) Zone
рублёвая з. (7) Rubelzone

И

игра́ть (2) spielen
игру́шка (2) Spielzeug
идти́ (7) gehen
иен, япо́нский (7) japanischer Yen
избега́ть/избежа́ть (2) vermeiden
избежа́ние: во и. (3) zur Vermeidung
изве́стный (1) bekannt
извеща́ть/извести́ть (5) benachrichtigen
извеще́ние об отпра́вке (5) Versandanzeige, Versandavis
извине́ние (6) Entschuldigung
извиня́ться/извини́ться (6) s. entschuldigen
извлека́ть/извле́чь при́быль (1) Gewinn erzielen
извлече́ние при́были (1) Gewinnerzielung
изготови́тель, -я (5) Hersteller, Produzent
изготовле́ние (5) Herstellung, Fertigung
издава́ть/изда́ть (6) herausgeben, veröffentlichen, verlegen
изде́лие (2) Erzeugnis
рекла́мное и. (5) Werbeartikel
таба́чное и. (5) Tabakerzeugnis
из-за чего (5) wegen etw.
излага́ть/изложи́ть (5) darlegen, darstellen
измене́ние (5) Veränderung
изменя́ть/измени́ть (7) verändern
изуча́ть/изучи́ть (1) (er)lernen, studieren
или (3) oder
име́ть (7) haben
име́ться (3) vorhanden sein
и́мидж (2) Image
и́мпорт (1) Import, Einfuhr
импортёр (7) Importeur
импорти́ровать (3) importieren
и́мя, и́мени (3) Vorname, Name
инве́стор (2) Investor
инди́йский (2) indisch
инжене́р-электро́нщик (1) Diplomingenieur für Elektronik
инжини́ринг (2) Engineering, Ingenieurwesen, Technik
инициати́ва (4) Initiative
инка́ссо (5) Inkasso
и́нкотермс (6) Incoterms (International Commercial Terms), internationale Handelsbedingungen

иногда́ (5) manchmal
иностра́нный (1) ausländisch
инстру́кция (5) Instruktion, Anweisung
интерва́л (5) Intervall, Zeitabstand
интере́с (7) Interesse
интересова́ть (2) interessieren
интернациона́льный (6) international
инфля́ция (7) Inflation, Geldentwertung
информа́ция (1) Information(en)
и. об отпра́вке, отгру́зке (5) Versandmitteilung, -anzeige
информи́ровать/проинформи́ровать (1) informieren
исключа́ть/исключи́ть (7) ausschließen
ископа́емый (1) fossil, mineralisch
поле́зное ископа́емое (1) Bodenschatz, nutzbares Mineral
испе́чь v. (1) backen
исполне́ние (5) Ausführung, Erfüllung, Gestaltung; Darbietung
испо́льзовать (6) nutzen, aus-, benutzen
исправля́ть/испра́вить (6) berichtigen, verbessern
испыта́ние (6) Prüfung, Erprobung, Probelauf
истече́ние сро́ка (4) Fristablauf
по истече́нии сро́ка (4) nach Fristablauf
исто́чник (3) Quelle
истра́чивать/истра́тить (7) ausgeben, verausgaben
исходи́ть из чего́ (3) ausgehen von etw.
исхо́дный (7) Ausgangs-
исходя́ из (1) ausgehend von, auf Grund von
иуде́йский (1) jüdisch

К

ка́ждый (2) jeder
каза́ться (2) scheinen
каза́хский, казахста́нский (7) kasachisch
Казахста́н (1) Kasachstan
како́в (7) wie (beschaffen)
како́й (1) was für ein, welcher
како́й-либо (6) irgendein, beliebig
калькуля́тор (1) Rechner
КамА́З (Ка́мский автомоби́льный заво́д) (1) Kama-Autowerk
кантова́ть (6) (um)kippen, stürzen
канцеля́рские това́ры (1) Büromaterial
капремо́нт (капита́льный ремо́нт) (1) Generalüberholung; Grundrenovierung
караме́ль на па́лочке (1) Lutscher, Stielbonbon
карбова́нец, -нца (7) Karbowanze (ehemalige Währungseinheit in der Ukraine)
каса́тельно (4) betreffs
каса́ться (3) betreffen, angehen
ка́сса (7) Kasse
кассе́та (4) Kassette
катало́г (2) Katalog
католи́ческий (1) katholisch
каф (6) caf (*franz.* coût, assurance, fret; *engl.* cost and freight = Kosten, Versicherung, Fracht)
ка́чество (1) Qualität, Güte
кварта́л (3) Quartal, Vierteljahr; Stadtviertel
квита́нция (6) Quittung
килогра́мм (7) Kilogramm, Kilo
киломе́тр (7) Kilometer
ки́па (6) Ballen; Stoß
Кирги́зия (7) (russische Lautung) Kirgisien
кирги́зский (7) kirgisisch

клие́нт (7) Kunde, Klient
кли́мат (1) Klima
кли́ринг (2) Clearing, Verrechnung gegenseitiger Geldforderungen
когда́ (7) wann, wenn
ко́жа (4) Haut; Leder
натура́льная к. (1) echtes Leder
колеба́ться/поколеба́ться (7) schwanken
коли́чество (4) Menge, Quantität
колле́га (2) Kollege
колле́кция весе́нних моде́лей (5) Frühjahrskollektion
кольцо́ (8) Ring
Золото́е к. Росси́и (8) der Goldene Ring Rußlands
коля́ска (5) Wagen, Kutsche
де́тская к. (5) Kinderwagen
инвали́дная к. (5) Rollstuhl
командиро́вка (8) Dienstreise
коми́ссия (7) Kommission; Gebühren
к. по конверти́рованию (7) Konvertierungsgebühren, Tauschgebühren
комменти́ровать (7) kommentieren
коммерса́нт (2) Kaufmann, Handelsmann
комме́рческий (7) Handels-, kommerziell
коммивояжёр (2) Handlungsreisender, reisender Angestellter
компенса́ция (7) Kompensation, Ausgleich
компенсацио́нный (7) Kompensations-, Ausgleichs-
компле́ктный (6) komplett
комплекту́ющий (2) Ergänzungs-, Zubehör-
компью́тер (2) Computer
персона́льный к. (3) Personalcomputer, PC
конве́рт (6) Briefumschlag, Kuvert
конверти́ровать/проконверти́ровать (7) konvertieren
конверти́руемость, -и (7) Konvertierbarkeit
коне́ц, -нца́ (2) Ende, Abschluß
в конце́ концо́в (2) schließlich, letzten Endes
конкури́ровать (5) konkurrieren
коносаме́нт (6) Konnossement, Schiffsfrachtbrief
консерва́ция (5) Konservierung
консе́рвный (6) Konserven-
консо́рциум (1) Konsortium
конта́кт (7) Kontakt, Berührung
делові́е конта́кты (7) Geschäftsbeziehungen
конте́йнер (6) Container
коитинснта́льный (1) kontinental
контраге́нт (1) Vertragspartner, Kontrahent
контра́кт (2) Vertrag, Kontrakt
внешнеторго́вый к. (5) Außenhandelsvertrag
к. ку́пли-прода́жи (5) Kaufvertrag
предме́т контра́кта (5) Vertragsgegenstand
к. о заку́пке това́ров (5) Kaufvertrag
контра́ктный (2) Vertrags-, Kontrakt-
контра́ст (1) Kontrast
контро́ль, -я (1) Kontrolle
контрофе́рта (4) Gegenangebot
конфигура́ция компью́тера (2) Konfiguration, Hardwareausstattung eines Computers
конфиденциа́льный (3) vertraulich
конъюнкту́ра (7) Konjunktur
кооперати́вный (1) genossenschaftlich, kooperativ
копе́йка (7) Kopeke
копирова́льный (5) Kopier-
ко́пия (6) Kopie
коро́бка (6) Schachtel, (Papp-)Karton

коро́ткий (2) kurz
корректи́ровать (7) korrigieren
косме́тика (2) Kosmetik
котиро́вка (7) Kotierung, Notierung
биржева́я к. Börsenkotierung, Börsennotierung
кото́рый (6) welcher, der
кра́йне (5) äußerst, sehr
краси́вый (2) schön
краси́тель, -я (8) Farbstoff
кра́ска (5) Farbe
красть/укра́сть (8) stehlen
кра́ткий (2) kurz
креди́тор (2) Kreditor, Gläubiger
крите́рий (1) Kriterium
кро́ме (1) außer
к. того́ (1) außerdem
кро́на Krone
шве́дская к. (7) schwedische Krone
эсто́нская к. (7) estnische Krone
кру́пность части́ц (5) Korngröße
кру́пный (2) groß
крючо́к, -чка́ (6) Haken
ксе́рокс (2) Xerograph, Kopierer
кто (2) wer
купи́ть v. (2) kaufen
купо́н, грузи́нский (7) grusinischer Kupon (Währungseinheit in Georgien)
курс (7) Kursus, Kurs
к. поку́пки (7) Ankauf(spreis) (beim Valutakauf)
к. прода́жи (7) Verkauf(spreis) (beim Valutakauf)
курье́р (6) Kurier
курье́рный (6) Kurier-
Кыргыста́н (1) (kirgisische Lautung) Kirgisien

Л

ла́зерный (1) Laser-
лат (7) Lat (Währungseinheit in Lettland)
латви́йский (7) lettisch
Ла́твия (1) Lettland
лати́нский (6) lateinisch
лёгкий (2) leicht
лежа́ть (6) liegen
лей (7) Lej (Währungseinheit in Moldawien)
ле́ксика (2) Lexik, Wortschatz
ле́тний (5) sommerlich, Sommer-
ле́то (1) Sommer
ле́том (1) im Sommer
либерализа́ция цен (1) Freigabe der Preise
ли́зинг (2) Leasing
ликвида́ция (8) Beseitigung
лими́т (8) Limit, Begrenzung
креди́тный л. (8) Kreditlimit
ли́ра, италья́нская (7) italienische Lira
лист (5) Bogen (Papier); Blech; Liste
упако́вочный л. (5) Packliste
лит (7) Lit (Währungseinheit in Litauen)
Литва́ (1) Litauen
лито́вский (7) litauisch
литр (8) Liter
ли́хтер (6) Leichter (Schiffstyp)
лице́нзия (6) Lizenz
и́мпортная л. (6) Einfuhrlizenz, Importlizenz
э́кспортная л. (6) Ausfuhrlizenz, Exportlizenz
лицо́ (5) Gesicht; Person
ли́чный (3) persönlich
люби́мый (2) beliebt, geliebt
люби́ть (1) lieben
любо́й (3) beliebig, jeder (beliebige), jeglicher

лю́ди, делов́ые (1) Geschäftsleute
лютера́нский (1) lutherisch

M

магнитофо́н (5) Magnettongerät, Tonbandgerät, Recorder
ма́ленький (6) klein
мана́т (7) Manat (Währungseinheit in Aserbaidschan und in Turkmenien)
манеке́нщица (7) Mannequin, Model
ма́рка (7) Marke; Mark
фи́нская м. Finnmark, Fnk
м. ФРГ Deutsche Mark, DM
марке́тинг (1) Marketing
маркиро́вка (5) Markierung
ма́сло (6) Öl; Butter
расти́тельное м. (6) Pflanzenöl
ма́сса (7) Masse, Menge
де́нежная м. Geldmenge
ма́стер (3) Meister
материа́л (5) Material, Zwischenprodukt, Werkstoff, Rohstoff, Masse
облицо́вочный м. (7) Verkleidungsmaterial, Verblendwerkstoff
маши́на (5) Maschine; Auto, Kraftfahrzeug
маши́нка, пи́шущая (3) Schreibmaschine
ме́бель, о́фисная (2) Büromöbel
медикаме́нт (2) Medikament, Arzneimittel
ме́жду (2) zwischen
ме́жду про́чим (6) unter anderem
междунаро́дный (5) international
мелкозерни́стый (5) feinkörnig
ме́льница (1) Mühle
ме́неджер (2) Manager
меня́ться (7) s. ändern
ме́ра (5) Maß, Maßnahme, Vorkehrung
принима́ть/приня́ть ме́ры (5) Maßnahmen treffen
мероприя́тие (1) Maßnahme; Veranstaltung
вы́ставочное м. (1) Austellungsveranstaltung
ме́сто (5) Ort, Stelle, Platz; Gepäckstück
м. исполне́ния обяза́тельства (8) Erfüllungsort
м. поста́вки (6) Lieferort
м. судопроизво́дства (8) Gerichtsstand
местоиме́ние (2) Pronomen, Fürwort
притяжа́тельное м. (2) Possessivpronomen
местопребыва́ние (5) Aufenthalt, Aufenthaltsort, Verbleib
ме́сяц (5) Monat
металли́ческий (6) metallisch, Metall-
метр (7) Meter
метро́ (2) Metro, Untergrundbahn
мех (1) Pelz
меша́ть/помеша́ть (5) stören, behindern
мешо́к, -шка́ (5) Sack
пла́стиковый м. (5) Plastikbeutel, Plastiktüte
микродиало́г (4) Kurzdialog
микрокалькуля́тор (8) Taschenrechner
микроско́п (1) Mikroskop
электро́нный м. (1) Elektronenmikroskop
микроско́пия (1) Mikroskopie
просве́чивающая электро́нная м. (1) Durchleuchtungs-Elektronenmikroskopie
ра́стровая электро́нная м. (1) Rasterelektronenmikroskopie
мили́ция (8) Miliz, Polizei
ми́ни-приёмник (3) Kleinempfänger

министе́рство иностра́нных дел (7) Ministerium für auswärtige Angelegenheiten, Außenministerium
мир (2) Welt, Frieden
мирово́й (1) Welt-, Friedens-
м. станда́рт (7) Weltstandard, Weltniveau
мне́ние (5) Meinung
мно́го (1) viel
многокра́тный (8) mehrmalig, oftmalig, mehrfach
многоле́тний (7) langjährig
мно́жество (7) Vielzahl, Vielheit
моде́ль, -и (1) Modell
мо́жно (3) möglich, man kann
как мо́жно скоре́е (3) so schnell wie möglich
Молда́вия (7) (russische Lautung) Moldawien
Молдо́ва (1) (moldawische Lautung) Moldowa, Moldawien
молодо́й (2) jung
моме́нт (6) Moment, Augenblick, Zeitpunkt
монта́ж (1) Montage
монтёр (8) Monteur
мо́ре (6) Meer, See
моро́женное (1) Speiseeis
фрукто́вое м. (1) Fruchteis
морско́й (6) See-, Meeres-
мочь (2) können
мо́щный (7) stark, groß, leistungsfähig
мужско́й (1) Herren-, Männer-
музе́й (4) Museum
музыка́льный центр (6) Hifi-Anlage
мусульма́нский (1) moslemisch
мысль, -и (3) Gedanke
мяч, те́ннисный (5) Tennisball

Н

на́бережная (6) Ufer, Küste
наве́рно (2) wahrscheinlich, gewiß
наверняка́ (2) gewiß, bestimmt
навига́ция (1) Schiffahrt, Navigation
наводне́ние (5) Überschwemmung
навстре́чу (2) entgegen
надба́вка (7) Zuschlag
н. к цене́ (7) Preiszuschlag
надёжный (2) zuverlässig, sicher
наде́яться (3) hoffen
надзо́р (8) Aufsicht
надлежа́щий (6) entsprechend, gehörig
наза́д (7) zurück
де́сять дней тому́ н. (7) vor zehn Tagen
назва́ние (1) Benennung, Name, Artikel (des Warensortiments)
назнача́ть/назна́чить (5) festlegen, festsetzen, bestimmen
назначе́ние (6) (Zweck-)Bestimmung, Verwendungszweck
называ́ть/назва́ть (7) nennen
наименова́ние (2) Benennung, Bezeichnung, Name, Artikel (des Warensortiments)
найти́ v. (3) finden
накладна́я (6) Frachtbrief
желе́зно-доро́жная н. (6) Eisenbahnfrachtbrief
наконе́ц (6) endlich, schließlich
нали́чие (2) Vorhandensein
име́ть в нали́чии (3) vorrätig haben
нали́чные (де́ньги) (7) Bargeld
нало́г (6) Steuer
намеча́ть/наме́тить (8) vormerken, andeuten,
нанесе́ние покры́тия (1) Beschichtung
наноси́ть/нанести́ (6) zufügen, beibringen; auftragen
наоборо́т umgekehrt

напеча́тать v. (3) drucken
написа́ть v. (2) schreiben, aufschreiben, notieren
наполне́ние (5) Füllung
н. из полистиро́ла (5) Polystyrolfüllung
напо́мнить v. (2) erinnern, ins Gedächtnis rufen
направле́ние (2) Richtung
направля́ть/напра́вить (1) richten, lenken; (zu-)senden
наприме́р (2) zum Beispiel, beispielsweise
насо́с (5) Pumpe
наста́ивать/настоя́ть на чём (5) auf etw. bestehen, beharren
настоя́тельный (8) dringend, nachdrücklich, beharrlich, inständig
настоя́щий (4) wirklich, echt, tatsächlich; betreffend, dieser
настоя́щее вре́мя Präsens, Gegenwart
натура́льный (2) natürlich, echt
нау́ка (7) Wissenschaft
экономи́ческие нау́ки (7) Wirtschaftswissenschaften
нахожде́ние (6) Auffinden
находи́ть/найти́ (1) finden
находи́ться (1) s. befinden
национа́льный (7) national
нача́ло (3) Beginn, Anfang
нача́льный (1) Anfangs-, Beginn-, anfänglich
начисле́ние (7) Anrechnung, Zuschlag
начисля́ть/начи́слить (7) anrechnen, zuschlagen
невероя́тный (2) unwahrscheinlich, unglaublich
невозмо́жный (2) unmöglich
невыполни́мый (5) unerfüllbar
неда́вний (1) unlängst, kürzlich
недалёкий (1) unweit, nah
неде́ля (5) Woche
недоброка́чественный (8) minderwertig, mangelhaft
недо́лго (6) nicht lange, kurz
недоразуме́ние (3) Mißverständnis
недоста́ток, -тка (5) Mangel, Fehler
недоста́ча (8) Fehlen, Manko
недостаю́щий (2) fehlend
незамедли́тельный (3) unverzüglich, sofort
незначи́тельный (5) unbedeutend, unwesentlich
неизбе́жный (4) unvermeidlich
неинформи́рованность, -и (8) Uninformiertheit
нейтра́льный (8) neutral
некомпле́ктность, -и (8) Unvollständigkeit
неме́цкий (1) deutsch
немно́го (5) ein wenig, etwas, nicht viel
ненадлежа́щий (5) unpassend, nicht entsprechend
необходи́мость, -и (5) Notwendigkeit, Erfordernis
необходи́мый (7) notwendig, erforderlich
неожи́данный (5) unerwartet
неосторо́жный (7) unvorsichtig
неотъе́млемый (5) untrennbar
непосре́дственный (6) unmittelbar, direkt
непра́вильный (3) unrichtig, falsch
непредви́денный (5) unvorhergesehen
непредусмо́тренный (5) unvorhergesehen
неприе́млемый (5) unannehmbar, inakzeptabel
неприя́тность, -и (6) Unannehmlichkeit
непромока́емый (6) undurchlässig, wasserdicht, regendicht
не́сколько (7) einige; etwas

несмыва́емый (6) nicht abwaschbar, wasserfest
несогла́сие (5) Uneinigkeit, Unstimmigkeit; Ablehnung
несогласо́ванный (8) nicht vereinbart, nicht abgesprochen
несоотве́тствие (8) Nichtübereinstimmung
неспосо́бный (5) unfähig
нестаби́льный (7) instabil
нести́ (3) tragen
  н. расхо́ды (3) Kosten tragen, für die Kosten aufkommen
несча́стный (6) Unglücks-
не́тто (6) netto
нефть, -и (7) Erdöl
нефтяно́й (1) Erdöl-
ни́же (7) niedriger, geringer
нижесле́дующий (7) unten folgend, nachstehend
нижеука́занный (5) unten angegeben
ни́зкий (5) niedrig, tief gelegen
никако́й (5) keinerlei, gar kein
ничего́ (2) nichts
нови́нка (2) Neuerscheinung, Neuheit
но́вый (7) neu
но́мер (6) Nummer; Hotelzimmer
носи́ть (7) tragen
ноу-ха́у (2) Know-how
ноя́брь, -я́ (3) November
нужда́ (5) Bedarf
ну́жный (7) nötig

O

о́ба, о́бе (6) beide
обе́д (7) Mittagessen
обеспе́чивать/обеспе́чить (3) sicherstellen, garantieren
обеща́ть/пообеща́ть (3) versprechen
о́бласть спе́ктра (1) Spektralgebiet, Spektralbereich
  инфракра́сная о. с. (1) Infrarot-Spektralbereich
облицо́вка стен (7) Wandverkleidung
обме́н (7) Tausch, Austausch, Wechsel
обнару́жение (8) Entdeckung, Feststellung
обнару́живать/обнару́жить (8) entdecken, feststellen
обобща́ть/обобщи́ть (6) verallgemeinern; zusammenfassen
обобще́ние (6) Verallgemeinerung, Zusammenfassung
обознача́ть/обозна́чить (6) bezeichnen, kennzeichnen, markieren
оборо́т (7) Umsatz
обору́дование (2) Ausrüstung, Ausstattung, Geräte
обосно́ванность, -и (8) Begründung, Fundiertheit
обосно́вывать/обоснова́ть (8) begründen
обраба́тывать/обрабо́тать (3) bearbeiten
о́браз (7) Art, Weise, Bild
  гла́вным о́бразом (7) hauptsächlich
  сле́дующим о́бразом (7) folgendermaßen
  таки́м о́бразом (7) somit, auf diese Weise
образе́ц, -зца́ (5) Muster, Probe
образова́ние (7) Bildung
  о. цен (7) Preisbildung
образова́ть (1) bilden
обра́тный (3) Rück-, zurück
обраща́ть/обрати́ть (5) (hin-, zu-)wenden, lenken, richten, verwandeln in etw.
обраща́ться/обрати́ться к кому́ (3) s. wenden an jdn.

обраще́ние (3) Anrede; Aufruf; Umlauf; Umgang
вступи́тельное о. (3) Anrede
обремени́тельный (6) beschwerlich, lästig
обрешётка (6) Lattenkiste, Lattenverschlag
обслу́живание (1) Bedienung, Betreuung
обслу́живать/обслужи́ть (1) bedienen, betreuen
обстоя́тельство (5) Umstand, Verhältnisse
о. непреодоли́мой си́лы (5) Fall höherer Gewalt
обсужда́ть/обсуди́ть (1) besprechen, erörtern, diskutieren
о́бувь, зи́мняя (4) Winterschuhe
обусло́вливать/обусло́вить (8) bedingen
обши́рный (1) weit, riesig; ausgedehnt, umfangreich
о́бщество, акционе́рное (1) Aktiengesellschaft
о́бщество с ограни́ченной отве́тственностью (1) Gesellschaft mit beschränkter Haftung, GmbH
о́бщий (4) Gesamt-, gemeinsam, (all)gemein
о́бщие усло́вия (4) allgemeine (Geschäfts-)Bedingungen
объедине́ние (1) Vereinigung
произво́дственное о. (1) Produktionsvereinigung
объединя́ть/объедини́ть (3) vereinigen
объём (5) Volumen, Umfang
объявле́ние (3) Bekanntmachung, (öffentliche) Erklärung
объявля́ть/объяви́ть (3) bekanntmachen, (öffentlich) erklären
объясня́ть/объясни́ть (5) erklären, erläutern
обы́чай (6) Gewohnheit, Brauch, Sitte
обы́чный (1) gewöhnlich
обя́занность, -и (5) Pflicht, Verpflichtung
обя́занный (6) verpflichtet
обяза́тельный (5) obligatorisch, verbindlich, bindend, zwingend
обяза́тельство, гаранти́йное (8) Garantieverpflichtung
обя́зывать/обяза́ть (8) verpflichten
обя́зываться/обяза́ться (8) s. verpflichten
огова́ривать/оговори́ть (4) (vorher) vereinbaren, absprechen
огово́рка (4) Klausel, Einschränkung, (vorherige) Vereinbarung
ограни́ченный (7) begrenzt, eingeschränkt
оде́жда (2) Kleidung
одна́ко (7) jedoch
одновре́менный (6) gleichzeitig
ожида́ние (3) Erwartung
ожида́ть (5) erwarten
ознакомле́ние (2) Bekanntmachung
ознакомля́ть/ознако́мить кого́ с кем-чем (2) jdn. mit jdn./etw. bekannt, vertraut machen
означа́ть (7) bedeuten, bezeichnen
оказа́ние услу́г (7) Erbringung von Dienstleistungen
ока́зывать/оказа́ть (6) erweisen
ока́зываться/оказа́ться (5) s. erweisen als
ока́нчивать/око́нчить (3) beenden, abschließen
океа́н (2) Ozean
оконча́тельный (5) abschließend, endgültig
опера́ция (7) Operation

описа́ние (8) Beschreibung
опи́сывать/описа́ть (3) beschreiben
опла́та (2) Bezahlung
опла́чивать/оплати́ть (6) bezahlen
опозда́ние (5) Verspätung, Verzug
определённый (2) bestimmt, festgelegt
опто́вый (2) Großhandels-
 о. торго́вец (3) Großhändler
о́птом (1) en gros, im Großhandel
о́пытный (2) erfahren
оригина́льный (6) original, Original-
ориенти́р (7) Orientierung
ориенти́роваться (7) s. orientieren
освобожда́ть/освободи́ть (4) befreien, freimachen, freistellen, entbinden
осма́тривать/осмотре́ть (5) besichtigen, ansehen, betrachten
осно́ва (7) Grundlage
 лежа́ть в осно́ве (7) zugrunde liegen
основа́ние (3) Gründung; Begründung; Grundlage; Grund
основно́й (5) Grund-, grundlegend, Haupt-
осно́вываться/основа́ться (5) beruhen auf
осо́бенный (2) besonderer
осо́бый (7) besonderer
остава́ться/оста́ться (7) bleiben, ver-, zurückbleiben
оставля́ть/оста́вить (4) lassen, zurück-, hinterlassen
остально́й (6) übrig, verbleibend, restlich
осторо́жный (6) vorsichtig
осуществле́ние (3) Verwirklichung, Durchführung, Realisierung
осуществля́ть/осуществи́ть (1) verwirklichen, realisieren, durchführen
отве́т (1) Antwort
отве́тственность, -и (5) Verantwortung, Haftung
отве́тственный (8) verantwortlich
отвеча́ть/отве́тить (4) antworten; entsprechen; verantworten
 о. тре́бованиям (4) den Anforderungen entsprechen, die Anforderungen erfüllen
отводи́ть/отвести́ (4) (weg)führen, ablenken
 о. вре́мя для чего́ (4) Zeit für etw. zur Verfügung stellen
отгружа́ть/отгрузи́ть (7) versenden, absenden
отгру́зка (6) Versand, Abfertigung
отгру́зочный (6) Versand-
отде́л (1) Abteilung
отде́льный (7) einzeln
ОТК (отде́л техни́ческого контро́ля) (6) Gütekontrolle
отка́з (5) Ablehnung
отка́зываться/отказа́ться (5) ablehnen, verzichten
отклоне́ние реклама́ции (5) Abweisung, Ablehnung einer Reklamation
отклоня́ть/отклони́ть реклама́цию (8) eine Reklamation abweisen, ablehnen
открыва́ть/откры́ть (1) öffnen, eröffnen
отлича́ться/отличи́ться чем (3) s. unterscheiden in/durch etw.
отли́чный (5) ausgezeichnet
отме́тка (7) Anmerkung, Bemerkung; Zensur
отмеча́ть/отме́тить (7) bemerken, anmerken
относи́тельно (5) bezüglich, hinsichtlich, in bezug auf
относи́тельный (5) relativ, bezüglich
относи́ться/отнести́сь к чему́ (3) s. beziehen auf etw., zu etw. gehören
отноше́ние (1) Beziehung, Verhältnis
 деловы́е отноше́ния (1) Geschäftsbeziehungen

отопле́ние (1) Heizung
отплыва́ть/отплы́ть (5) auslaufen, ausfahren
отплы́тие (6) Auslaufen, Ausfahrt, Abfahrt
отправи́тель, -я (3) Absender
отпра́вка (5) Versand, Absendung
отправля́ть/отпра́вить (5) absenden, abschicken
отра́ва (6) Gift
отража́ть/отрази́ть (7) widerspiegeln
отре́зок вре́мени (7) Zeitabschnitt, Zeitspanne
отрица́тельный (1) negativ, ablehnend, abfällig
отсу́тствовать (7) fehlen
отсыла́ть/отосла́ть (8) absenden
о. обра́тно (8) zurückschicken
отхо́д (1) Abgang, Abfahrt; Abkehr
о́тчество (1) Vatersname
отчётливый (6) deutlich, bestimmt, klar
офе́рта (4) Angebot, Offerte
о́фис (2) Office, Büro
официа́льный (5) offiziell
оформле́ние (5) Ausgestaltung, Ausstattung; Formgebung
о. счёта (5) Rechnungsausstellung
о. э́кспорта (6) Exportabfertigung
оформля́ть/офо́рмить (4) gestalten; (Dokumente) ausstellen; abfassen, erledigen, regeln
охва́тывать/охвати́ть (3) erfassen
оце́нка (7) Bewertung, Einschätzung
оце́ночный (7) schätzungsweise, einschätzend, Schätz-
о́чень (1) sehr
о́чередь, -и (7) Reihe; Warteschlange
в пе́рвую о. (7) in erster Linie
оши́бочный (5) fehlerhaft, falsch, irrtümlich

П

па́дать (7) fallen
паке́т (6) Tüte, Beutel
пла́стиковый п. Plastikbeutel, Plastiktüte
пала́та, междунаро́дная торго́вая (6) internationle Handelskammer
па́пка (3) Mappe
паралле́льный (1) parallel
парохо́д (5) Dampfschiff, Dampfer
па́ртия (това́ров) (6) Partie, Teillieferung
партнёр (3) Partner
делово́й п. (3) Geschäftsfreund
комме́рческий п. (5) Geschäftsfreund
па́чка (6) Schachtel, Päckchen
первонача́льный (7) anfänglich, ursprünglich
перево́д (5) Überführung; Überweisung; Übersetzung
ба́нковский п. (5) Banküberweisung
обра́тный п. (2) Rückübersetzung; Rücküberweisung
переводи́ть/перевести́ (1) überführen, (Geld) überweisen, (Text) übersetzen
перево́дчица (4) Dolmetscherin, Übersetzerin
перево́зка (4) Transport
морска́я п. (6) Schiffstransport, Seefracht
перево́зчик (6) Fährmann, Verantwortlicher für die Schiffsladung
перегово́ры (1) Verhandlungen
п. по тари́фам (5) Tarifverhandlungen
перегружа́ть/перегрузи́ть (5) überladen, überlasten; umladen
перегру́зка (2) Überlastung, Überladung
передава́ть/переда́ть (1) übergeben

передáча (5) Übergabe; Übertragung
п. прав сóбственности (5) Eigentumsübertragung
передвижнóй (1) fahrbar, beweglich
передовóй (1) fortschrittlich, modern, Best-
перемещéние (6) Verlagerung, Umstellung
перепи́ска, деловáя (1) Geschäftskorrespondenz
переплáчивать/переплати́ть (7) überzahlen
перерабóтка (5) Verarbeitung, Veredlung
пересмáтривать/пересмотрéть (7) durchsehen, überprüfen, revidieren
переставáть/перестáть (7) aufhören
перестрóйка (1) Umbau; Umgestaltung, Umstellung
пересылáть/переслáть (3) übersenden, zuschicken
пересы́лка (3) Zusendung, Zustellung
перехóд (1) Übergang
погрáни́чный п. (5) Grenzübergang
переходи́ть/перейти́ (5) übergehen, überqueren
пéречень, -чня (6) Liste, Aufstellung
пери́од (6) Periode, Zeitabschnitt
персонáл (1) Personal
обслу́живающий п. (1) Bedienungspersonal
песóк, -скá (1) Sand
печáтание (5) Druck, Drucken
печáтать/напечáтать (3) drucken
печáтный (5) Druck-, (vor)gedruckt
пи́во (1) Bier
писáть/написáть (6) schreiben
пи́сьменный (3) schriftlich
письмó (1) Brief
входя́щее п. (3) Eingangsbrief
деловóе п. (3) Geschäftsbrief
исходя́щее п. (3) Ausgangsbrief
письмó-запрóс (3) Anfragebrief
письмó-подтверждéние (5) Bestätigungsbrief, schriftliche Bestätigung
плáвать (6) schwimmen
плáйер (2) Player
плантáция (1) Plantage
чáйная п. (1) Teeplantage
пласти́на (6) Platte
плáта, звуковáя (2) Compact-Disc (CD)
платёж (3) Zahlung, Bezahlung
услóвия платежá (5) Zahlungsbedingungen
плати́ть/заплати́ть и уплати́ть (3) (be)zahlen
плохóй (2) schlecht
ПО (произвóдственное объединéние) (1) Produktionsvereinigung
поблагодари́ть v. (3) danken
побуждáть/побуди́ть (2) anregen, veranlassen
побывáть v. (5) besuchen, sich aufhalten, (eine gewisse Zeit) verbringen
повлéчь v. за собóй (1) nach sich ziehen
пóвод (8) Anlaß, Veranlassung
повреждáть/повреди́ть (8) schädigen, beschädigen, verletzen
повреждéние (6) Schädigung, Beschädigung, Verletzung
повторя́ть/повтори́ть (5) wiederholen
повторéние (2) Wiederholung
повтóрный (5) wiederholt, nochmalig, erneut
повышáть/повы́сить (7) erhöhen, steigern
повышéние (5) Steigerung
погрáни́чный (6) Grenz-
погружáть/погрузи́ть (6) laden, ver-, beladen
погру́зка (6) Laden, Ver-, Beladung

погру́зочный (1) Lade-, Belade-, Verlade-, Last-
подгота́вливать, подготовля́ть/подгото́вить (5) vorbereiten
подде́рживать/поддержа́ть (3) unterstützen, unterhalten
поддо́н (6) Palette
подлежа́ть чему́ (5) unterliegen, unterworfen sein
поднима́ть/подня́ть (7) heben, anheben, steigern
подо́бный (4) ähnlich, analog, derartig, solch einer
подожда́ть v. (5) (eine Zeitlang) warten, sich ein wenig gedulden, abwarten
подписа́ние (8) Unterschreiben
подпи́сывать/подписа́ть (3) unterschreiben
по́дпись, -и (3) Unterschrift
подразделя́ть/подраздели́ть (4) unterteilen, einteilen
подро́бность, -и (1) Einzelheit, Detail
подро́бный (1) genau, detailliert, ausführlich
подсу́дность, -и (8) Gerichtsbarkeit
подтвержда́ть/подтверди́ть (3) bestätigen
подтвержде́ние (3) Bestätigung
  п. получе́ния (3) Eingangs-, Empfangsbestätigung
подходи́ть/подойти́ (4) (heran)-kommen, (heran)gehen; passen, entsprechen
подходя́щий (5) passend, geeignet
подчёркивать/подчеркну́ть (7) unterstreichen
подши́пник (3) (Achs-)Lager
пое́здка (7) Fahrt
пожа́луйста (2) bitte
пожа́р (5) Feuer, Brand
позволя́ть/позво́лить (1) erlauben, gestatten
позвони́ть v. (2) anrufen
по́здний (5) spät, verspätet
пози́ция (3) Position, Stellung
познако́миться v. (3) s. bekanntmachen
по́иск (5) Suche
пока́ (6) während, solange; bis, vorläufig, einstweilen
  п. . . . не bevor nicht, bis nicht
пока́зывать/показа́ть (7) zeigen
покрыва́ть/покры́ть (5) decken, ab-, bedecken
  п. нужду́ (5) den Bedarf decken
  п. расхо́ды die Kosten decken
покупа́тель, -я (5) Käufer
поку́пка (7) Kauf
поле́зный (1) nützlich
  поле́зное ископа́емое (1) Bodenschatz, nutzbares Mineral
полёт (2) Flug
полирова́ние (1) Polieren
по́лис (2) Police, Versicherungsurkunde
полити́ческий (7) politisch
поли́ция (3) Polizei
полномо́чие (7) Vollmacht
по́лностью (5) vollständig
по́лный (1) voll, vollständig
полови́на (7) Hälfte
положе́ние (1) Lage, Zustand; Bestimmung, Festlegung, Vorschrift
  положе́ния сде́лки (5) Geschäftsbedingungen
  правово́е п. (1) Rechtslage
положи́тельный (3) positiv
поло́мка (8) Bruch
полоте́нце (5) Handtuch
получа́тель, -я (8) Empfänger, Adressat
получа́ть/получи́ть (1) erhalten, bekommen

получéние (3) Empfang, Erhalt
пóльза (7) Nutzen, Vorteil
в пóльзу (7) zugunsten von, zum Vorteil von
пóльзователь, -я (8) Nutzer
пóльзоваться чем (6) etw. (be)nutzen
пóлюс, сéверный (1) Nordpol
помещáть/помести́ть (6) unterbringen, anordnen
помещéние (1) Raum
складскóе п. (1) Lagerraum, Lagerhalle
помогáть/помóчь (6) helfen
помóщник (7) Gehilfe, Helfer
пóмощь, -и (3) Hilfe
скóрая медици́нская п. (3) dringliche medizinische Hilfe, Rettungswagen
по-немéцки (6) auf deutsch, deutsch
понести́ v. расхóды (3) die Kosten tragen, für die Kosten aufkommen
понижáть/пони́зить (7) vermindern, herabsetzen
понимáние (7) Verständnis
понимáть/поня́ть (1) verstehen, begreifen
понрáвиться v. (3) gefallen
поня́тие (2) Begriff
поплати́ться чем v. (7) mit etw. bezahlen, büßen
пополня́ть/попóлнить (3) an-, auffüllen, ergänzen
по-прéжнему (1) nach wie vor
попрóбовать v. (2) probieren, kosten
попроси́ть v. (1) bitten
популя́рный (4) populär, volkstümlich, beliebt
попы́тка (7) Versuch
порá (6) Zeit, Frist; es ist (an der) Zeit
до тех пор, покá . . . не (6) solange, bis
порошóк, -шкá (5) Pulver
порт (3) Hafen
п. отгрýзки (6) Versandhafen, Verschiffungshafen
пóртиться/испóртиться (6) verderben
по-рýсски (6) auf russisch, russisch
поручáть/поручи́ть (5) beauftragen, anvertrauen, übertragen
поручéние (6) Auftrag
по поручéнию (6) im Auftrag
поручи́тельство (6) Bürgschaft
пóрча (6) Beschädigung, Verderben
поря́док, -дка (4) Ordnung, Reihenfolge
посети́тель, -я (3) Besucher
посещáть/посети́ть (3) besuchen
поскóльку (5) da, weil, insofern
послéдний (7) letzter
послéдовательный (6) konsequent, folgerichtig, aufeinanderfolgend
послéдующий (5) nachfolgend, darauffolgend
посовéтоваться v. (3) s. beraten
посрéдник (7) Mittler, Zwischenhändler
посрéдством (5) mittels
постáвка (1) Lieferung
встрéчная п. (7) Gegenlieferung, Bartergeschäft
дополни́тельная п. (8) Nachlieferung
досрóчная п. (5) Vorablieferung
контрáктная п. (2) Vertragslieferung
оптóвая п. (2) Engroslieferung
услóвная п. (6) bedingte Lieferung
поставля́ть/постáвить (1) liefern
поставщи́к (1) Lieferant
постоя́нный (7) (be)ständig, Dauer-
поступлéние (7) Eingang, Eintreffen (von Geld oder Waren)
посылáть/послáть (6) schicken, senden
посы́лка (4) Sendung, Paket
п. »Прéмиум« (6) »Premium«-Sendung

потéря (6) Verlust
потéха (4) Spaß, Gaudium
потомý что (5) da, weil
потребúтель, -я (2) Verbraucher, Konsument
потреблéние (2) Verbrauch, Konsum
потребля́ть/потребúть (2) verbrauchen, konsumieren
потрéбность, -и (2) Bedarf
потрéбовать v. (4) fordern, verlangen
по-францýзски (6) auf französisch, französisch
пóчта (2) Post
почтú (7) fast, beinahe
почтóвый (2) Post-, postalisch
пóшлина (5) Zoll
поэ́тому (7) deshalb, darum
появля́ться/появúться (3) erscheinen, auftreten
прáвило (6) Vorschrift, Regel
  как п. (2) in der Regel
  прáвила пóльзования (3) Gebrauchsanweisung
  тамóженные прáвила (6) Zollvorschriften
прáвильный (3) richtig
прáво (1) Recht
  п. сóбственности (5) Eigentumsrecht
правовóй (1) Rechts-, juristisch
правослáвный (1) orthodox, rechtgläubig
прáктика (6) Praxis
пребывáние (3) Aufenthalt
превосхóдный (2) vortrefflich, vorzüglich
  превосхóдная стéпень Superlativ
превышáть/превы́сить (5) übersteigen, übertreffen
предлагáть/предложúть (2) vorschlagen; anbieten
предлóг (8) Vorwand, Ausflucht; Präposition
предложéние (2) Vorschlag; Angebot; Satz
  запрóшенное п. (4) verlangtes Angebot
  инициатúвное п. (4) unverlangtes Angebot
  незапрóшенное п. (4) unverlangtes Angebot
  п. с приложéнием образцóв (3) bemustertes Angebot
  свобóдное п. (4) freibleibendes Angebot
  твёрдое п. (4) Festangebot
предмéт (3) Gegenstand
  п. контрáкта (5) Vertragsgegenstand
предоставля́ть/предостáвить (3) überlassen, einräumen
  п. кредúт (3) Kredit einräumen
  п. скúдку (7) Rabatt gewähren
предохраня́ть/предохранúть (6) erhalten, (bei)behalten
предпринимáтель, -я (1) Unternehmer
предпринимáтельский (1) unternehmerisch, Unternehmer-
предприя́тие (1) Betrieb, Unternehmen
  коммéрческое п. (1) Handelsbetrieb
  совмéстное п. (1) Joint Venture
председáтель, -я (3) Vorsitzender
представúтель, -я (1) Vertreter; Repräsentant
представлéние (5) Vorstellung, Repräsentanz
представля́ть/предстáвить (1) vorstellen, darstellen
  п. интерес (1) von Interesse sein
предусмáтривать/предусмотрéть (6) vorsehen
предъявлéние рекламáции (5) Geltendmachung einer Reklamation

предъявля́ть/предъяви́ть (7) vorweisen, vorlegen
п. кому́-либо реклама́цию (6) bei jmdm. eine Reklamation geltend machen
пре́жний (5) vorig, früher, vergangen
прейскура́нт (3) Preisliste, Preisverzeichnis
прерыва́ть/прерва́ть (1) unterbrechen
прете́нзия (5) Beanstandung, Anspruch, Forderung
прибива́ть/приби́ть (6) anschlagen, befestigen
приближа́ться/прибли́зиться (5) sich nähern, heranrücken
прибо́р (3) Gerät
измери́тельный п. (3) Meßgerät
при́быль, -и (1) Gewinn, Profit
при́быльность, -и (3) Rentabilität, Einträglichkeit
прибы́тие (6) Ankunft, Eintreffen
приватиза́ция (1) Privatisierung
приве́тствовать (5) begrüßen, willkommen heißen
приводи́ть/привести́ (3) (herbei)führen, zu etw. führen, anführen
приглаша́ть/пригласи́ть (2) einladen
приглаше́ние (2) Einladung
прида́точный (5) Ergänzungs-, ergänzend, hinzugefügt
прида́точное предложе́ние причи́ны (5) Nebensatz des Grundes, Kausalsatz
приду́мывать/приду́мать (6) ausdenken, ersinnen, erfinden
приезжа́ть/прие́хать (1) (gefahren) kommen, ankommen
приём (5) Annahme, Aufnahme, Empfang; Verfahren
п. де́нежных сре́дств на депози́т (1) Geldanlage
приёмка (8) Abnahme, Übernahme
прие́млемый (4) annehmbar, akzeptabel
признава́ть/призна́ть (4) anerkennen
при́знак (5) Anzeichen, Merkmal
призна́тельный (3) erkenntlich, dankbar
призы́в (2) Aufruf, Ruf, Appell
прийти́ v. (1) kommen
прийти́сь v. (4) s. eignen, entsprechen, zusagen
мне придётся ich werde müssen
прикрепля́ть/прикрепи́ть (6) befestigen, festmachen
прилага́тельное (2) Adjektiv
прилага́ть/приложи́ть (4) beifügen, beilegen, aufwenden, zuwenden
п. все си́лы (5) alle Kräfte einsetzen, aufbringen
приложе́ние (2) Beilage, Anlage
примене́ние (7) Anwendung
применя́ть/примени́ть (7) anwenden
приме́р (1) Beispiel
принадле́жность, -и (1) Zugehörigkeit; Zubehör
п. капита́ла (1) Kapitalzugehörigkeit
принести́ v. (3) (herbei)bringen
принима́ть/приня́ть (5) annehmen, akzeptieren
п. уча́стие (1) teilnehmen
приноси́ть/принести́ (3) (herbei)bringen
при́нтер (5) Drucker
ла́зерный п. (5) Laserdrucker
при́нцип (3) Prinzip
приня́тие (4) Annahme, Übernahme; Bestätigung
приобрета́ть/приобрести́ (7) erwerben
приро́дный (1) natürlich, Natur-
приспособле́ние (6) Vorrichtung, Gerät
приста́вка, телевизио́нная игрова́я (3) Fernsehspielgerät, game gear

приступа́ть/приступи́ть к чему (5) herantreten an etw.
присыла́ть/присла́ть (4) (zu)schicken, (zu)senden
прихо́д (денег) (7) Einnahme
приходи́ть/прийти́ (1) kommen
приходи́ться/прийти́сь (4) s. eignen, entsprechen, zusagen
мне прихо́дится, придётся ich muß, werde müssen, bin gezwungen
прича́л (6) Anlegen, Anlegestelle
прича́стие (3) Partizip
причём (8) wobei
причи́на (5) Ursache
по причи́не (5) auf Grund, wegen
причиня́ть/причини́ть уще́рб (8) Schaden verursachen, zufügen
прия́тный (5) angenehm
пробле́ма (2) Problem
прове́рка ка́чества (5) Qualitätsprüfung
проверя́ть/прове́рить (5) prüfen, überwachen, durchsehen
проводи́ть/провести́ (1) (durch-, aus)führen; leiten, geleiten, begleiten
п. вре́мя (4) Zeit verbringen
про́волока, стальна́я (4) Stahldraht
програ́мма (3) Programm
прогре́сс (2) Fortschritt
продава́ть/прода́ть (7) verkaufen
продаве́ц, -вца́ (5) Verkäufer
прода́жа (2) Verkauf
сро́чная п. (7) Fixverkauf
продемонстри́ровать v. (3) zeigen, demonstrieren
продлева́ть/продли́ть срок (5) die Frist verlängern
продово́льственный (6) Lebensmittel-, Nahrungsgüter-
проду́кт (2) Produkt, Erzeugnis
проду́кты пита́ния (1) Nahrungsmittel, Nahrungsgüter
проду́кция (1) Erzeugnis(se), Produkt(e)
прое́зд (7) Fahrt
прое́кт контра́кта (5) Vertragsentwurf
производи́ть/произвести́ (1) erzeugen, produzieren; vornehmen
п. впечатле́ние (2) Eindruck machen
п. платёж (7) eine Zahlung vornehmen, ausführen
произво́дственный (3) Produktions-
произво́дство (1) Produktion, Herstellung
проинформи́ровать v. (1) informieren
происхожде́ние (6) Herkunft, Abstammung, Entstehung, Ursprung
промедле́ние (6) Verzögerung, Verzug
промы́шленность, -и (3) Industrie
помы́шленный (1) industriell
проника́ть/прони́кнуть (1) eindringen, durchdringen
пронумерова́ть в. (6) numerieren, (be)ziffern
про́писью (7) in Worten (geschrieben)
про́пуск (1) Lücke, Auslassung; Passierschein
просве́чивающий (1) Durchstrahlungs-
проси́ть/попроси́ть (1) bitten
просма́тривать/просмотре́ть (7) durchsehen
проспе́кт (2) Prospekt
просро́чка поста́вки (5) Lieferfristüberschreitung, Lieferungsverzug
проставля́ть/проста́вить (6) (ein)setzen, stellen
просто́й (3) einfach
просто́й (6) Stillstand, (Arbeits-)Unterbrechung
про́сьба (3) Bitte
протоко́л (5) Protokoll
п. испыта́ния (6) Prüfprotokoll

протяжéние (5) Ausdehnung, Erstreckung; Zeitraum, Zeitspanne
профéссия (1) Beruf
профóрма (5) Formular, Formblatt
проходи́ть/пройти́ (5) durchlaufen, verlaufen, hindurchgehen; eintreten
процéнт (1) Prozent; Zins
годовой п. (2) Jahreszins
прóчий (5) übrig, sonstig
прочитáть v. (1) (durch)lesen
прóчный (3) fest, haltbar
прошéдшее врéмя (7) Vergangenheit, Präteritum
прошлогóдний (4) Vorjahres-, vorjährig
прóшлый (5) vergangen
публиковáть/опубликовáть (7) publizieren, veröffentlichen
пункт (7) Punkt
пуск в эксплуатáцию (5) Inbetriebnahme, Inbetriebsetzung, Anfahren
пусты́ня (1) Wüste
путём (5) mittels
пушни́на (1) Pelzwerk, Rauchwaren
путь, -и́ (6) Weg
пятипроцéнтный (5) fünfprozentig

Р

рабóтать (1) arbeiten
рад (3) froh
рáдио (3) Radio, Rundfunk
радиоакти́вный (6) radioaktiv
радиотелефóн (3) Funksprechgerät, Sprechfunkgerät
радиотéхника (3) Funktechnik, Hochfrequenztechnik
разбирáться/разобрáться в чём zurechtkommen mit etw., sich zurechtfinden
разви́тие (1) Entwicklung
разговáривать (1) s. unterhalten, ein Gespräch führen
разговóр (3) Unterhaltung, Gespräch
раздевáться/раздéться (5) Sachen ablegen, s. ausziehen
различáть/различи́ть (1) unterscheiden
разли́чие (4) Unterschied
разли́чный (2) unterschiedlich, verschieden
размéр (4) Abmessung, Größe
в размéре чегó (5) in Höhe von
размещáть/размести́ть (2) unterbringen, anordnen, anbringen
размещéние (2) Unterbringung, Anordnung, Anbringung
рáзница (7) Unterschied, Differenz
разнообрáзный (2) vielfältig, verschiedenartig
рáзный (5) verschieden
разноглáсие (5) Meinungsverschiedenheit
разрешáть/разреши́ть (1) erlauben, gestatten
ракéтка (5) Tennisschläger
рáнний (3) früh
рантьé (2) Rentner
распáд (1) Zerfall
распи́ска (6) Quittung, Bescheinigung
распадáться/распáсться (1) zerfallen, auseinanderfallen
расплáчиваться/расплати́ться (7) aus-, bezahlen; (miteinander) abrechnen
распоряжéние (1) Verfügung, Anordnung
быть в распоряжéнии (1) zur Verfügung stehen

распрода́жа (2) Ausverkauf
распродава́ть/распрода́ть (5) ausverkaufen
распространённый (2) verbreitet
рассе́в (1) Streuung
расска́зывать/рассказа́ть (5) erzählen, berichten
рассма́тривать/рассмотре́ть (5) betrachten, erörtern, einschätzen, prüfen, behandeln
рассмотре́ние бюдже́та (5) Haushalts-, Budgetprüfung
рассчи́тывать/рассчита́ть (5) ausrechnen, errechnen
  р. на что (5) auf etw. rechnen, bauen, zählen
расхо́д (6) Verbrauch, Aufwand
расхо́ды (6) Ausgaben, Kosten
  р. на тра́нспорт (6) Transportkosten
расцве́тка (5) Farbpalette, Farbsortiment
расчёт (5) Berechnung, Errechnung; Absicht
  за нали́чный р. (7) gegen bar
  принима́ть/приня́ть в р. (5) berücksichtigen
  с таки́м расчётом (6) mit, in der Absicht
расшире́ние (2) Erweiterung
расширя́ть/расши́рить (2) erweitern
реаги́ровать/прореаги́ровать (8) reagieren
реализа́ция (5) Realisierung, Absatz (auf dem Markt)
регио́н (1) Region, Gegend
регистра́ция (4) Registrieruung
регуля́рный (5) regelmäßig
реду́ктор (8) Getriebe
рези́нка (1) Gummi, Radiergummi
  жева́тельная р. (1) Kaugummi
ре́зкий (3) heftig; schroff; schrill
результа́т (5) Ergebnis, Resultat
  в результа́те чего (5) im Ergebnis, durch, infolge
река́ (1) Fluß
реквизи́ты, ба́нковские (3) Bankrequisiten
рекла́ма (2) Werbung, Reklame
рекламáция (5) Reklamation
рекла́мный (2) Werbe-, Reklame-
рекоменда́ция (3) Empfehlung
реконстру́кция (7) Rekonstruktion
религио́зный (1) religiös
ремесло́ (3) Handwerk
ремо́нт (1) Reparatur
ремо́нтный (5) Reparatur-
ре́плика (4) Erwiderung, Entgegnung
репута́ция (3) Reputation, Ansehen
респу́блика (1) Republik
рестора́н (3) Gaststätte, Restaurant
ресу́рсы Pl (1) Vorräte
реформа́тский (1) reformiert
рефрижера́тор (3) Kühlwagen, Kühlschiff
рефрижера́торный (6) Kühl-
  р. я́щик (6) Kühlbox
речно́й (1) Fluß-
реша́ть/реши́ть (1) entscheiden, lösen, beschließen
реше́ние (8) Entscheidung, Lösung, Beschluß
реши́тельный (8) entschlossen
рис (6) Reis
риск (6) Risiko
ро́бот-устро́йство (1) Roboteranlage, Roboter
род (7) Art
родно́й (1) blutsverwandt; eigen, heimisch, Mutter-
рожде́ственский (5) weihnachtlich, Weihnachts-

ро́зница (2) Einzelhandel
  в ро́зницу (2) einzeln, en détail, stückweise
роль, -и (6) Rolle
Росси́йская Федера́ция, РФ (1) Russische Föderation, RF
Росси́я (6) Rußland
россия́нин (7) Russe
ртуть, -и (1) Quecksilber
рубе́ж (4) Grenze
  за рубежо́м (4) im Ausland
рубль, -бля́ (5) Rubel
руда́ (2) Erz
руководи́тель, -я (1) Leiter
руково́дство (1) Führung, Leitung
руково́дствоваться чем (5) s. leiten lassen von etw.
руло́н (6) Rolle
ру́сский (6) Russe, russisch
ры́нок, -нка (1) Markt
  мирово́й р. (1) Weltmarkt
ры́ночный (1) marktwirtschaftich, Markt-

С

сади́ться/сесть (5) sich setzen
са́льдо (7) Saldo
сам (6) selbst
самолёт (7) Flugzeug
самостоя́тельный (1) selbständig
са́нкция (7) Sanktion
санте́хника (4) Sanitärtechnik
сбива́ть/сбить це́ну (7) den Preis drücken
сбой (5) Störung, Ausfall, Versagen
сбор (1) Gebühr, Zahlung, Beitrag; Sammlung, Erfassung
  с. информа́ции (1) Informationserfassung
сбыва́ть/сбыть (7) (Waren) absetzen
сбыт (7) Absatz
све́дения (1) Kenntnisse, Angaben
свет (6) Licht
светово́й (4) Licht-
свиде́тельство (6) Zeugnis, Bescheinigung
  страхово́е с. (6) Versicherungsschein
  с. о происхожде́нии (6) Herkunftsnachweis, Ursprungszeugnis
свиде́тельствовать (4) zeugen
свобо́дный (1) frei
своевре́менный (5) rechtzeitig
свы́ше (6) mehr als, über; von oben
связь, -и (7) Verbindung, Zusammenhang
  в связи́ с чем (3) in Verbindung mit etw.
свя́зывать/связа́ть (6) verbinden, kombinieren
сде́лать v. (2) machen, tun
сде́лка (4) Geschäft
  ба́ртерная с. (7) Bartergeschäft, Realtausch
  с. на срок (4) Termingeschäft
сего́дня (7) heute, heutzutage
седиментóграф (1) Sedimentograph
сезо́н (5) Saison, Jahreszeit, Hauptgeschäftszeit
сезо́нный (7) Saison-, jahreszeitlich
сейча́с (7) sofort, jetzt, gegenwärtig
секрета́рь, -я́ (3) Sekretär
сельскохозя́йственный (1) landwirtschaftlich
семья́ (7) Familie
се́рвис (5) Service, Kundendienst
  курье́рный с. (6) Kurierdienst
серде́чный (5) herzlich
сери́йность, -и (7) Serienmäßigkeit, Aufeinanderfolge, Abfolge
сертифика́т (6) Zertifikat
  с. ка́чества (6) Qualitätszertifikat

серьёзный (2) ernst, ernsthaftig
сеть, -и (2) Netz
вычисли́тельная с. (2) Rechnernetz
ди́лерская с. (2) Händlernetz, Vertreternetz, Vertriebsnetz
сиби́рский (1) sibirisch
Сиби́рь, -и (1) Sibirien
си́ла (4) Kraft, Stärke; Gültigkeit
в си́лу чего́ (5) infolge, kraft etw.
симпо́зиум (7) Symposium
систе́ма (1) System
де́нежная с. (7) Geldsystem
ситуа́ция (7) Situation
сиф (5) cif (*engl.:* cost, insurance, freight)
систе́ма (7) System
сказа́ть v. (1) sagen
сква́жина (1) Spalte, Riß; Bohrloch
нефтяна́я с. (1) Erdölbohrung, Erdölsonde
ски́дка (1) Rabatt
бо́нусная с. (7) Bonus
вре́менная с. (7) Saisonrabatt
ди́лерская с. (7) Wiederverkäuferrabatt
закры́тая с. (7) verdeckter Rabatt
коли́чественная с. (7) Mengenrabatt
опто́вая с. (2) Großhandelsrabatt
с. за ве́рность (7) Treuerabatt
с. за коли́чество (3) Mengenrabatt
с. посре́дникам (7) Wiederverkäuferrabatt
с. с цены́ (5) Preisnachlaß
с. ско́нто (7) Skonto
специа́льная с. (7) Sonderrabatt
ценова́я с. (7) Preisnachlaß
склад (2) (Waren-)Lager, Speicher
складско́й (2) Lager-, Speicher-
скла́дываться/сложи́ться (1) s. bilden, s. ergeben, s. gestalten
склоня́ть/просклоня́ть (1) deklinieren
ско́лько (7) wieviel
скоре́е (5) schneller
как мо́жно скоре́е (5) so schnell wie möglich
скоропо́ртящийся (6) leichtverderblich
скорректи́ровать v. (4) korrigieren, berichtigen
следи́ть за чем (3) folgen, achten auf etw.
сле́довать (3) folgen
сле́дует (3) erforderlich, man sollte, muß
сле́дующий (1) folgend
слова́рь, -я́ (6) Wörterverzeichnis, Wörterbuch
сло́во (3) Wort
сложносокращённое с. (1) Abkürzungswort vom Silbentyp
словосочета́ние (3) Wortverbindung
слог (1) Silbe
сло́ган (2) Slogan, Werbeschlagwort
сложи́ться v. (1) s. bilden, s. ergeben, s. gestalten
сло́жный (1) zusammengesetzt, kompliziert
слу́жащий (7) Angestellter
служи́ть/послужи́ть (2) dienen
слу́чай (6) Fall, Zufall
несча́стный с. (6) Unglücksfall
по слу́чаю (5) anläßlich, infolge
случа́йный (6) zufällig
случа́ться/случи́ться (6) vorkommen, passieren, geschehen, s. ereignen
слюда́ (5) Glimmer
слы́шать/услы́шать (4) hören
сменя́ть/смени́ть (1) wechseln, umtauschen, ersetzen
сме́шанный (6) gemischt
смотре́ть/посмотре́ть (6) schauen, sehen
смысл (7) Sinn

СНГ (Содру́жество Незави́симых Госуда́рств) (1) GUS (Gemeinschaft Unabhängiger Staaten)
снижа́ть/сни́зить (5) vermindern, herabsetzen
сно́ва (2) von neuem, wieder
с. и с. (2) immer wieder
собесе́дник (4) Gesprächspartner
соблюда́ть/соблюсти́ (5) beachten
со́бственник (6) Eigentümer
со́бственность, -и (1) Eigentum
со́бственный (4) eigen
собы́тие (5) Ereignis
соверша́ть/соверши́ть (2) ausführen, vollbringen
соверше́нный (5) vollkommen
сове́тчик (4) Ratgeber
совеща́ние (7) Beratung
совме́стный (1) gemeinsam
совреме́нный (5) gegenwärtig, zeitgemäß, modern
согла́сие (4) Einverständnis, Zustimmung
согла́сный (1) entsprechend, in Übereinstimmung mit, einverstanden
согласо́вывать/согласова́ть (5) vereinbaren, absprechen, etw. in Übereinstimmung bringen
соглаша́ться/согласи́ться (5) einwilligen, zustimmen, übereinkommen
соглаше́ние (5) Vereinbarung, Übereinkunft, Abkommen
содержа́ние (3) Inhalt, Gehalt
содержа́ть (7) enthalten
соедине́ние (1) Verbindung, Vereinigung
соединя́ть/соедини́ть (5) verbinden, kombinieren
сожале́ние (5) Bedauern, Mitleid
сожале́ть о ком-чём (5) jdn./etw. bedauern, bemitleiden
сокраща́ть/сократи́ть (1) abkürzen, verkürzen
сокраще́ние (1) Abkürzung, Verkürzung
соображе́ние (1) Überlegung, Erwägung
сообща́ть/сообщи́ть (5) mitteilen, Mitteilung machen
сообще́ние (5) Mitteilung
соотве́тствие (1) Entsprechung
соотве́тствовать (5) entsprechen
соотве́тствующий (6) entsprechend
сопровожда́ть/сопроводи́ть (1) begleiten
сопроводи́тельное письмо́ (5) Begleitschreiben
сорт (7) Sorte
сосе́д (6) Nachbar
сосно́вый (5) Kiefern-
соста́в (1) Zusammensetzung; Eisenbahnzug
входи́ть в с. (1) enthalten sein, Bestandteil sein
това́рный с. (7) Güterzug
составля́ть/соста́вить (5) zusammenstellen; ausmachen, betragen
состоя́ние (5) Zustand
авари́йное с. (8) Havariezustand, Störungszustand
состоя́ть из (1) bestehen aus
состоя́ться (3) stattfinden
сотру́дник (7) Mitarbeiter
сотру́дничать (1) zusammenarbeiten
сотру́дничество (1) Zusammenarbeit
сохране́ние (7) Aufrechterhaltung
сохра́нность, -и (6) Unversehrtheit, Intaktheit
сохраня́ть/сохрани́ть (6) erhalten, beibehalten, bewahren
социа́льный (1) sozial
сочета́емость, -и (7) Kombinationsfähigkeit, Paßfähigkeit, Valenz

союз (1) Bund, Bündnis, Union, Allianz, Verband; Konjunktion
Европейский союз (7) Europäische Union, EU
Советский Союз (1) Sowjetunion (1991 aufgelöst)
спасибо (5) danke
спектрометр (1) Spektrometer
атомно-абсорбционный с. (1) Atomabsortions-Spektrometer
рентгеновский с. (1) Röntgen-Spektrometer
эмиссионный с. (1) Emissions-Spektrometer
спецжурнал (специальный журнал) (5) Fachzeitschrift
специализироваться в чём, на чём, по чему (1) s. auf etw. spezialisieren
специалист (3) Spezialist, Fachmann
специальность, -и (1) spezielle berufliche Tätigkeit, Fach, Fachrichtung
специальный (6) Spezial-, speziell, besonders
спецификация (8) Stückliste, Spezifikation
специфицированный (6) spezifiziert, detailliert
спецсервиз курьеров (6) Kurierspezialdienst
список, -ска (5) Liste, Aufstellung
спонсор (2) Sponsor
спор (7) Streit
спорный (7) Streit-, strittig
способ (3) Art, Weise, Verfahren
с. упаковки (7) Verpackung(sart)
способствовать/поспособствовать чему (3) beitragen zu etw., etw. fördern
спот (2) Spot
рекламный с. (2) Werbespot
справка (2) Auskunft, Erkundigung
справочник (7) Handbuch, Nachschlagewerk
справочный (7) Auskunfts-
спрос (2) Nachfrage
сравнение (7) Vergleich
по сравнению с (7) im Vergleich zu
сравнивать/сравнить (5) vergleichen
сравнимый (5) vergleichbar
сравнительная степень (2) Komparativ
сразу (6) gleich, sofort
средство (2) Mittel
с. платежа (7) Zahlungsmittel
транспортное с. (7) Fahrzeug, Transportmittel
срок (4) Zeit(raum), Frist, Termin
с. гарантии (5) Garantiezeit
с. действия (5) Geltungsdauer
с. для предъявления рекламации (5) Reklamationsfrist
с. оплаты (7) Zahlungsfrist
с. поставки (5) Liefertermin
срочный (3) eilig, dringend, sofort
ссылаться/сослаться на что (3) verweisen auf etw., s. beziehen auf etw.
стабильный (2) stabil
ставка, процентная (7) Prozentsatz
сталкиваться/столкнуться (4) zusammentreffen, zusammenstoßen; auf etw. stoßen, mit etw. zu tun haben
стандарт (7) Standard
мировой с. (7) Weltstandard, Weltniveau
станок, шлифовальный (3) Schleifmaschine
станция (6) Station; Bahnhof
стараться/постараться (2) s. bemühen, s. anstrengen
стекло (6) Glas
стенд (3) (Ausstellungs-)Stand
степень, -и (2) Grad, Stufe, Maß
положительная с. (2) Positiv
превосходная с. (2) Superlativ

сравни́тельная с. (2) Komparativ
стимули́рование (7) Anregung, Stimulierung
сто́имость, -и (5) Wert; Kosten
о́бщая с. (5) Gesamtwert; Gesamtkosten
стол (3) Tisch
с. для компью́тера (5) Computertisch
столи́ца (1) Hauptstadt
сторни́рование (5) Stornierung
сторни́ровать (5) stornieren, annulieren, widerrufen
сторона́ (1) Seite
страна́ (7) Land
прибалти́йская с. (7) baltisches Land
с.-импортёр (7) Importland
с.-экспортёр (7) Exportland
страновéдческий (7) landeskundlich
страхова́ние (5) Versicherung
страхова́ть/застрахова́ть (3) versichern
страхо́вка (3) Versicherung
страхово́й (3) Versicherungs-
стра́шный (7) fürchterlich, schrecklich
стреми́ться к чему́ (7) zu etw. streben
стро́гий (3) streng
строи́тельство (1) Bau, Aufbau
структу́ра (1) Struktur, Aufbau
субпоставщи́к (6) Unterlieferant, Zulieferer
субста́нция (6) Substanz
су́дно, Pl. суда́, судо́в (6) Schiff
сум (7) Sum (Währungseinheit in Usbekistan)
су́мма счёта (5) Rechnungsbetrag
суперарби́тр (5) Obmann, Oberschiedsrichter
су́тки, -ток (7) Tag (24 Stunden)
существи́тельное (3) Substantiv
существова́ние (3) Existenz
существова́ть (7) existieren
счёт (5) Rechnung
за свой с. (6) auf eigene Rechnung
мéстный с. (7) Platzrechnung
специфици́рованный оригина́льный с. (6) spezifizierte Faktura
тамо́женный с. (6) Zollfaktura
теку́щий с. (7) laufendes Konto
с. фра́нко (7) Frankorechnung
счёт-факту́ра (7) Handelsrechnung, Handelsfaktur
счита́ть/счесть (2) annehmen, meinen, halten für, finden
сын Pl. сыновья́, -вéй (1) Sohn
сы́рость, -и (6) Feuchtigkeit
сырьё (7) Rohtoff(e)
сырьево́й (7) Rohstoff-
сэконо́мить v. (7) (ein)sparen

Т

таба́чный (5) Tabak-
табли́ца (7) Tabelle
Таджикиста́н (1) Tadschikistan
та́йна (7) Geheimnis
та́йный (7) geheim
так (1) so
та́к как (5) da, weil
та́кже (7) ebenfalls, auch
таки́м о́бразом (7) somit, auf diese Weise
тако́й (7) solch einer, ein derartiger
тамо́женный (5) Zoll-
тамо́женная деклара́ция (6) Zollerklärung
тамо́женные пра́вила (6) Zollvorschriften
т. счёт (6) Zollrechnung, Zollfaktura
тамо́жня (5) Zoll, Zollamt
та́ра (7) Leergut, Behälter
твёрдый (7) hart

т. е. (то́ есть) (5) d. h., das heißt
теа́тр (5) Theater
текст (6) Text
телеви́дение (2) Fernsehen
телеви́зор (2) Fernseher, Fernsehapparat
телета́йп (3) Fernschreiber
телефа́кс (1) Fax
телефо́н (3) Telefon
те́ма (2) Thema
тенге́ (7) Tenge (Währungseinheit in Kasachstan)
тенде́нция (7) Tendenz
тепе́рь (5) jetzt, gegenwärtig
тепло́ (6) Wärme
теплохо́д (7) Motorschiff
тёплый (1) warm
те́рмин (6) Fachausdruck, Terminus
термоанализа́тор (1) Thermoanalysator
термо́метр (1) Thermometer
террито́рия (1) Territorium
теря́ть/потеря́ть (4) verlieren
  т. си́лу (4) ungültig werden
те́хника (1) Technik
  бурова́я т. (1) Bohrgeräte, Bohrtechnik
техни́ческий (5) technisch
тече́ние (1) Lauf, Verlauf
  в т. (6) im Lauf, innerhalb
тип (3) Typ
типово́й (2) typisiert, Muster-
типогра́фский (3) Druck-
ти́тул (3) Titel
ткань, -и (2) Gewebe, Stoff
това́р (1) Ware
тогда́ (7) dann
ток (6) Strom
  переме́нный т. (6) Wechselstrom
  постоя́нный т. (6) Gleichstrom
тока́рный стано́к (6) Drehmaschine; Drechslerbank
то́лстый (2) dick
то́лько (2) nur, bloß
то́нна (7) Tonne
то́пливный (1) Brennstoff-, Treibstoff-, Kraftstoff
торго́вец, -вца (3) Händler
  опто́вый т. (3) Großhändler
  ро́зничный т. Einzelhändler
торго́вля (1) Handel
  вне́шняя т. (1) Außenhandel
  вну́тренняя т. (1) Binnenhandel
торго́вый (3) Handels-
тот же (3) derselbe
  в то же вре́мя (3) gleichzeitig
то́чность, -и (1) Genauigkeit, Präzision
то́чный (1) genau, präzis
травле́ние (1) Ätzen
традицио́нный (3) traditionell, traditionsreich, Traditions-
транс (5) Transnummer
тра́нспорт (1) Transport, Transportmittel, Verkehr
транспорти́рование (6) Transport, Beförderung
транспортиро́вка (6) Transport, Beförderung
тра́нспортный (6) Transport-, Beförderungs-, Verkehrs-
тра́тить/потра́тить вре́мя (4) Zeit aufwenden
тре́бование (5) Forderung
тре́бовать/потре́бовать (8) fordern, verlangen
тре́боваться/потре́боваться (3) erforderlich sein
тренирова́ть (3) trainieren
трёхме́сячный (5) dreimonatig
туристи́ческий (8) touristisch
тури́стский (1) touristisch
Туркмениста́н (1) (turkmenische Lautung) Turkmenien
Туркме́ния (7) (russische Lautung) Turkmenien

туркме́нский (7) turkmenisch
тща́тельность, -и (6) Sorgfalt
тща́тельный (5) sorgfältig
тюк (6) Ballen, Pack

У

убежда́ть/убеди́ть (2) überzeugen, überreden
убы́ток, -тка (5) Schaden, Verlust, materieller Nachteil
уважа́емый (1) (sehr) geehrter
уваже́ние (1) Achtung
с уваже́нием (1) hochachtungsvoll
уведомле́ние (5) Mitteilung, Benachrichtigung, Avisierung
уведомля́ть/уве́домить (7) mitteilen, in Kenntnis setzen
увеличе́ние (5) Vergrößerung, Steigerung
увели́чивать/увели́чить (7) vergrößern, vermehren
уве́ренный (7) überzeugt
увольне́ние (5) Entlassung, Kündigung; Aussperrung
у́голь, у́гля (7) Kohle
удава́ться/уда́ться (5) gelingen, glücken
ударе́ние (7) Betonung
удивля́ть/удиви́ть (2) erstaunen, in Erstaunen setzen
удо́бный (2) bequem, günstig
удо́бство (1) Vorteilhaftigkeit, günstige Bedingung, Komfort
удовлетворе́ние (5) Zufriedenheit, Befriedigung
удовлетворённый (6) befriedigt
удовлетворя́ть/удовлетвори́ть (5) befriedigen
удово́льствие (1) Vergnügen, Freude
с больши́м удово́льствием (1) gern; mit großem Vergnügen
удорожа́ть/удорожи́ть (1) verteuern
удостоверя́ть/удостове́рить (7) bescheinigen, bestätigen
уже́ (7) schon
Узбекиста́н (1) Usbekistan
узбе́кский (7) usbekisch
у́зел, узла́ (1) Knoten; Knotenpunkt; Baugruppe, Baueinheit
узнава́ть/узна́ть (3) erfahren
уйти v. (4) fort-, weggehen
указа́ние (5) Angabe, Hinweis; Anweisung, Anleitung, Vorschrift
ука́зывать/указа́ть (5) angeben, hinweisen
Укра́ина (1) Ukraine
украи́нский (7) ukrainisch
укра́сть v. (8) stehlen
улета́ть/улете́ть (5) ab-, weg-, fortfliegen
уложи́ться в срок (5) Frist einhalten
улучше́ние (3) Verbesserung
уменьша́ть/уме́ньшить (7) vermindern, verkleinern
уменьше́ние (8) Verminderung, Verkleinerung
уме́ренный (1) gemäßigt
упако́вка (5) Verpackung
упако́вочный (6) Verpackungs-
упла́чивать/уплати́ть (7) bezahlen
уполномо́чивать/уполномо́чить (7) bevollmächtigen
упомина́ть/упомяну́ть (5) erwähnen, nennen, anführen
употребле́ние (3) Gebrauch, Benutzung, Anwendung
употребля́ть/употреби́ть (5) gebrauchen, benutzen, anwenden
управле́ние (3) Leitung; Steuerung; Führung; Verwaltung

управля́ть (3) leiten; steuern; führen; verwalten
упражне́ние (3) Übung
у́ровень, -вня (7) Niveau, Stand
у. счёта (7) Kontostand
уси́ливать/уси́лить (2) verstärken
ускоря́ть/ускóрить (5) beschleunigen
услóвие (3) Bedingung
техни́ческие услóвия (2) technische Bedingungen, Gütevorschrift; Zulassungsbedingungen
услóвия платежа́ (3) Zahlungsbedingungen
услóвия поста́вки (3) Lieferbedingungen
услу́га (1) Dienstleistung
услу́ги послепрода́жного обслу́живания (1) Wartung, Service
успе́х (5) Erfolg
успе́шный (7) erfolgreich
устана́вливать/установи́ть (2) aufstellen, montieren; (Verbindungen) herstellen, anknüpfen; festsetzen
установка (1) Anlage
бурова́я у. (1) Bohranlage
установле́ние (5) Festlegung, Festsetzung
у. конта́ктов (5) Aufnahme von Kontakten
у́стный (3) mündlich
устра́ивать/устрóить (4) einrichten, veranstalten; ordnen, regeln; passen, recht sein
устране́ние (8) Beseitigung
устраня́ть/устрани́ть дефе́кт (8) einen Fehler, Mangel beseitigen
уступа́ть/уступи́ть в цене́ (7) im Preis nachgeben
утвержда́ть/утверди́ть (1) bestätigen; festigen, behaupten
утвержде́ние (1) Bestätigung; Festigung; Behauptung
утонче́ние (1) Verdünnen
уточня́ть/уточни́ть (8) präzisieren
у́тром (4) morgens, am Morgen
уходи́ть/уйти́ (4) fort-, weggehen
мнóго вре́мени ухóдит на это (4) viel Zeit wird dafür in Anspruch genommen
уце́нивать/уцени́ть (7) abwerten, im Preis reduzieren
уце́нка (8) Preisreduzierung, Preisnachlaß
уча́ствовать (5) teilnehmen
уча́стие (2) Teilnahme
принима́ть у. (2) teilnehmen
уче́бник (6) Lehrbuch
учёный (7) Wissenschaftler
учесть v. (5) berücksichtigen
учёт (7) Rechnung, Abrechnung, Erfassung
бухга́лтерский у. (7) Buchführung
тамóженный у. (7) Zollbemessung
учи́тельница (1) Lehrerin
учи́тывать/уче́сть (5) berücksichtigen
учи́ться/вы́учиться и научи́ться (3) lernen, studieren
учрежде́ние (1) Institution, Einrichtung
креди́тное у. (7) Kreditinstitut
уще́рб (8) Schaden, Verlust, Nachteil, Einbuße

Ф

фабрика́нт (3) Fabrikant
факс (2) Fax, Telefax, Faxgerät
факти́ческий (7) faktisch, tatsächlich
фа́ктор (7) Faktor
фа́кторинг (2) Factoring, Finanzierung offener Lieferantenforderungen
фами́лия (3) Familienname

фарфо́ровый (6) Porzellan-
фас (6) fas (*engl.* free alongside ship)
Федера́льная Земля́ (7) Bundesland (BRD)
Федера́ция (7) Föderation, Bund
Российская Ф. (7) Russ. Föderation
филе́-о-фиш (2) Fischfilet
филиа́л (3) Filiale, Zweigstelle
фильм (2) Film
фи́рма (1) Firma
инжини́ринговая ф. (1) Engineering-unternehmen
сме́шанная ф. (1) Joint Venture
страхова́я ф. (1) Versicherungsunternehmen
торго́вая ф. (1) Handelsfirma
тра́нспортная ф. (1) Transportunternehmen, Kraftverkehrsbetrieb
фи́рма-контраге́нт (1) Handelspartner
фи́рма-получа́тель (6) Empfängerfirma
фи́рма-поставщи́к (3) Lieferfirma
флако́н (6) Flakon, (Parfüm-)Fläschchen
фоб (6) fob (*engl.* free on board)
фо́рма со́бственности (1) Eigentumsform
формирова́ть (2) herausbilden, formieren
фо́рмула ве́жливости, заключи́тельная (3) Schlußformel (des Briefes)
формули́ровать/сформули́ровать (7) formulieren
форс-мажо́р (5) höhere Gewalt, Force majeure
фо́то-пане́ль (1) Fotofeld
фра́за (1) Satz
франк (7) Franc, Franken
францу́зский ф. (7) Französischer Franc
швейца́рский ф. (7) Schweizer Franken
францу́зский (6) französisch
фрахт (6) Fracht
фунт сте́рлингов (7) Pfund Sterling

Х

хала́т (2) Kittel, Arbeitsmantel
ха́ос (1) Chaos
хара́ктер (1) Charakter
хвати́ть (3) ausreichen
хва́тит (3) es reicht, es ist genügend, genug
хими́ческий (5) chemisch
хло́пок -пка (6) Baumwolle
ход (7) Lauf, Verlauf, Gang
ходово́й (4) gängig
хозя́йственный (1) wirtschaftlich
хозя́йство (1) Wirtschaft
хо́лод (1) Kälte
холо́дный (1) kalt
хоте́ть (3) wollen
хране́ние (6) Lagerung, Speicherung
христиани́н-бапти́ст Baptist
хромато́граф (1) Chromatograph
га́зовый х. (1) Gas-Chromatograph
жи́дкостный х. (1) Flüssigkeits-Chromatograph
худо́жественный (3) Kunst-, künstlerisch

Ц

цвет (5) Farbe; Blume Pl. цвета́ Farben
цветы́ Blumen
цветно́й (2) farbig, bunt
ц. мета́лл (7) Nichteisenmetall, NE-Metall; Buntmetall
целесообра́зность, -и (3) Zweckmäßigkeit

целесообра́зный (5) zweckmäßig
целлюло́за (8) Zellulose
цель, -ли (1) Ziel, Zweck
це́лый (1) ganz
в це́лом (1) im ganzen, vollständig
цена́ (1) Preis
ба́зисная ц. (7) Grundpreis, Basispreis
догово́рная ц. (7) Vertragspreis
мирова́я ц. (7) Weltmarktpreis
монопо́льная ц. (7) Monopolpreis
номина́льная ц. (7) Listenpreis; Nominalpreis
опто́вая ц. (7) Großhandelspreis
спра́вочная ц. (7) Auskunftspreis
факту́рная ц. Fakturapreis, Rechnungspreis
це́новый (7) Preis-, preislich
ценообразова́ние (7) Preisbildung
це́нтнер (7) Dezitonne, Doppelzentner (100 kg)
центр (6) Zentrum, Mitte(lpunkt)
музыка́льный ц. (6) Hifi-Anlage
центра́льный (1) zentral
циркуля́р (5) Rundschreiben
ци́фра (4) Ziffer

Ч

чай (6) Tee
натура́льный ч. (1) echter Tee
ча́йный (4) Tee-
ча́ртер (6) Chartervertrag
час (7) Stunde
ча́стность, -и (7) Einzelheit, Detail
в ча́стности (7) insbesondere, im Besonderen
ча́стный (1) privat
часть, -и (7) Teil
быстроизна́шивающаяся ч. (5) Verschleißteil
запасна́я ч. (7) Ersatzteil
ча́стый (7) häufig, oftmalig
часы́ Pl. (7) Uhr
чем (7) als (beim Komparativ)
чёрный (5) schwarz
чёткий (7) deutlich, präzis
число́ (7) Zahl; Datum
ч. мест (5) Kollianzahl (Stückzahl)
чи́стый (7) rein, sauber
чита́ть/прочита́ть (7) (durch)lesen
что (1) was; daß
ч. тако́е (3) was ist das
что́бы (3) daß, damit, um ... zu
чу́вствовать (2) fühlen

Ш

шанс (8) Chance
ша́риковая ру́чка (5) Kugelschreiber
шасси́ (1) Fahrgestell (Kfz), Chassis
ши́ллинг, австри́йский (7) Österreichischer Schilling
ши́на, автомоби́льная (8) Autoreifen
ши́нный (8) Reifen-
ширина́ (6) Breite
широ́кий (2) breit, weit
шко́ла (1) Schule
шрифт, печа́тный (3) Druckschrift
штраф (5) Strafe
конвенциона́льный ш. (5) Konventionalstrafe
ш. за опозда́ние Verzugsstrafe
шту́ка (3) Stück

Э

эква́тор (1) Äquator
эквивале́нтность, -и (7) Gleichwertigkeit
эквивале́нтный (7) gleichwertig
экземпля́р (5) Exemplar
эконо́мика (7) Wirtschaft
  ры́ночная э. (7) Marktwirtschaft
экономи́ст (5) Kaufmann, Ökonom
  гла́вный э. (5) Hauptökonom, Chefökonom
экономи́ческий (7) wirtschaftlich, ökonomisch
эконо́мить/сэконо́мить (7) (ein)sparen
экску́рсия (7) Ausflug, Exkursion
экспеди́тор (6) Spediteur
экспедицио́нный (6) Speditions-
эксперти́за (8) Gutachten
эксплуата́ция (5) Ausbeutung; Betrieb
экспона́т (2) Exponat, Ausstellungsstück
э́кспорт (1) Export, Ausfuhr
экспортёр (2) Exporteur
э́кспортный (1) Export-, Ausfuhr-
электро́нный (1) elektonisch, Elektronik-
электрообору́дование (3) Elektroausrüstung, elektrische Geräte
  электрохими́ческий (1) elektrochemisch
элеме́нт (2) Element, Bestandteil
эмбле́ма фи́рмы (фи́рменная эмбле́ма) (5) Firmenlogo
эмоциона́льный (2) emotional, gefühlsbetont
ЭМС-Интернациона́л (6) Express Mail Service (EMS - weltweiter Kurierdienst der Post)
Эсто́ния (1) Estland
эсто́нский (7) estnisch

Ю

ювели́р (1) Juwelier
ю́жный (3) südlich, Süd-
юриди́ческий (3) juristisch
  ю. а́дрес фи́рмы (5) eingetragene Firmenadresse

Я

явля́ться (1) sein
яд (6) Gift
язы́к (1) Sprache
  делово́й я. (1) Geschäftssprache
  родно́й я. (1) Muttersprache
  торго́вый я. (1) Handelssprache
яйцо́ (1) Ei
  шокола́дное я. с сюрпри́зом (1) Überraschungs(schokoladen)ei
янва́рь, -я́ (7) Januar
я́рмарка, торго́вая (3) Handelsmesse
я́сность, -и (5) Klarheit
я́сный (8) klar
я́щик (5) Kasten, Kiste
  почто́вый я. (2) Briefkasten